Bartosz Wasilewski

Analiza efektywności inwestycyjnej OFE w latach 2004-2010

Bartosz Wasilewski

Analiza efektywności inwestycyjnej OFE w latach 2004-2010

Z wykorzystaniem teorii portfelowej

Wydawnictwo Bezkresy Wiedzy

Impressum / Imprint
Bibliografische Information der Deutschen Nationalbibliothek: Die Deutsche Nationalbibliothek verzeichnet diese Publikation in der Deutschen Nationalbibliografie; detaillierte bibliografische Daten sind im Internet über http://dnb.d-nb.de abrufbar.

Informacja bibliograficzna Niemieckiej Biblioteki Narodowej: Niemiecka Biblioteka Narodowa rejestruje tę publikację w Niemieckiej Bibliografii Narodowej; szczegółowe informacje bibliograficzne dostępne są w Internecie na stronie http://dnb.d-nb.de.

Coverbild / Okładka: www.ingimage.com

Verlag / Wydawnictwo:
Wydawnictwo Bezkresy Wiedzy
ist ein Imprint der / jest znakiem handlowym
OmniScriptum GmbH & Co. KG
Heinrich-Böcking-Str. 6-8, 66121 Saarbrücken, Deutschland / Niemcy
Email: info@bezkresywiedzy.com

Herstellung: siehe letzte Seite /
Druk: patrz ostatnia strona
ISBN: 978-3-639-89077-8

SPIS TREŚCI

WSTĘP

Wraz z reformą emerytalną w 1999 roku powstał w Polsce II filar systemu emerytalnego a wraz z nim rynek Otwartych Funduszy Emerytalnych (dalej: OFE). Przez piętnaście lat funkcjonowania tego systemu funkcjonowały na nim dwadzieścia dwa podmioty. Obecnie istnieje trzynaście otwartych funduszy emerytalnych.

W okresie 1999-2011 poszczególne OFE wypracowały stopę zwrotu równą od 189% do 239%, inwestując w papiery wartościowe o różnym stopniu ryzyka zgodnie z przepisami prawa zawartymi w ustawie z 28 sierpnia 1997 roku o organizacji i funkcjonowaniu otwartych funduszy emerytalnych [1] (dalej: OFEU). Efektywność inwestycyjna tych funduszy budzi kontrowersje zarówno wśród ich członków, jak i w literaturze przedmiotu. Wskazuje się, że stopy zwrotu osiągane przez OFE są niesatysfakcjonujące, szczególnie w odniesieniu do zysków, jakie osiągają zarządzające nimi PTE na które składają się wysokie prowizje i opłaty za zarządzanie.

Celem niniejszej publikacji jest próba oceny efektywności inwestycyjnej funduszy emerytalnych w Polsce poprzez porównanie zmian wartości jednostek rozrachunkowej ze stopami zwrotu uzyskanymi przy wykorzystaniu modelu portfelowego Markowitza w latach 2004-2010. Ocenie została poddana zarówno część akcyjna funduszów emerytalnych (ta część aktywów, która jest inwestowana w akcje na warszawskiej Giełdzie Papierów Wartościowych) jak i zmiany wartości jednostki rozrachunkowej OFE.

Problem efektywności inwestycyjnej Otwartych Funduszy Emerytalnych staje się obecnie jeszcze bardziej doniosły. Jesteśmy bowiem świadkami debaty publicznej w zakresie zasadniczej zmiany struktury systemu emerytalnego w Polsce. Planowane zmiany prawa zmierzają w kierunku przyjęcia zasady, zgodnie z którą każdy ubezpieczony będzie mógł zdecydować, czy część jego składki emerytalnej będzie przekazywana do zarządzania OFE, czy całość składki będzie odprowadzana na

[1] tekst jednolity : Dz. U. z 2004 r. Nr 159, poz. 1667.

subkonto w ZUS. W przypadku braku decyzji, ustawodawca przyjmie fikcję prawną polegającą na założeniu, że ubezpieczony wybiera przekazanie całości składki do ZUS. Jednocześnie, o ile zmiana decyzji o przekazywaniu części składki do OFE będzie możliwa w każdym czasie, to decyzja o wyborze ZUS (także „decyzja" przyjęta na podstawie fikcji prawnej, o której mowa wyżej) będzie nieodwołalna. Co więcej, OFE mają zostać zobowiązane do przekazywania, na 10 lat przed osiągnięciem przez ubezpieczonego wieku emerytalnego, zgromadzonych przez niego środków do ZUS, który będzie odpowiedzialny za wypłaty emerytur. Ponadto, obligacje skarbowe znajdujące się w portfelach OFE zostaną przekazane na subkonta w ZUS i umorzone. Doprowadzi to do zmniejszenia oficjalnego zadłużenia publicznego. Celem niniejszej publikacji nie jest krytyka bądź uzasadnienie tych zmian, warto jednak w tym miejscu zauważyć, że jakkolwiek oceniane, doprowadzą one do istotnego ograniczenia doniosłej roli OFE, jaką pełnią one obecnie na polskim rynku kapitałowym. W istocie, jest to odłożona w czasie likwidacja II filaru systemu emerytalnego w Polsce. Biorąc pod uwagę przedstawione wyżej mechanizmy, nieunikniona jest stopniowa erozja kapitału znajdującego się w zarządzaniu przez OFE. W kontekście wyników badań przedstawionych w niniejszej pracy istotny jest również fakt, że w debacie publicznej teza o nieefektywności inwestycyjnej OFE jest używana jako podstawowy argument za ograniczeniem znaczenia II filaru emerytalnego. Uikając zajęcia wyraźnego stanowiska w toczącej się debacie publicznej, chcę jednak zasygnalizować, że nieefektywność inwestycyjna OFE, którą wykazuje również przeprowadzone przeze mnie i opisane niżej badanie, nie powinna skutkować automatyczną refleksją o potrzebie likwidacji OFE. Przeciwnie, powinna być bodźcem dla dalszych badań w zakresie możliwych reform II filaru systemu emerytalnego zmierzających do poprawy jego funkcjonowania. Nie ulega bowiem wątpliwości, że trwające trendy demograficzne zmuszą w przyszłości państwa do redukcji ich zobowiązań wobec emerytów i przesunięcia odpowiedzialności za gromadzenie środków na samych świadczeniobiorców. Trudno będzie osiągnąć ten cel bez sprawnie funkcjonującej części kapitałowej emerytur.

Plan publikacji przedstawia się następująco: w rozdziale pierwszym wskazano podstawowe problemy związane z efektywnością inwestycyjną polskich funduszy emerytalnych koncentrując się na uwarunkowaniach prawnych a także zjawiskach związanych z inwestowaniem zbiorowym i specyfiką polskiego rynku finansowego. W rozdziale drugim dokonano przeglądu wybranej literatury badawczej dotyczącej efektywności inwestycyjnej funduszy emerytalnych w Polsce i innych państwach świata. Zwrócono uwagę na używane przez autorów różne mierniki efektywności i proponowane rozwiązania dla zidentyfikowanych problemów. W rozdziale trzecim przedstawiono wyniki badania efektywności inwestycyjnej OFE przy wykorzystaniu modelu Markowitza. Wyniki odniesiono do problemów wskazanych w rozdziałach pierwszym i drugim.

ROZDZIAŁ I: Zarys problemu efektywności inwestycyjnej funduszy emerytalnych w Polsce

1.1. Informacje wstępne

Wyniki inwestycyjne OFE są przedmiotem krytyki od początku ich funkcjonowania w Polsce. Wskazuje się przede wszystkim na ich słabość w porównaniu do popularnych benchmarków – np.: indeksu 20 spółek akcyjnych o największej kapitalizacji i najwyższych obrotach (WIG20) czy indeksu szerokiego rynku akcji (WIG). Słabe wyniki inwestycyjne współistnieją z wysokimi prowizjami płaconymi przez ubezpieczonych[2] za zarządzanie ich pieniędzmi przez Powszechne Towarzystwa Emerytalne (dalej: PTE). Te czynniki prowadzą do podnoszenia w debacie publicznej wątpliwości co do efektywności funkcjonowania II filaru systemu emerytalnego w Polsce i co do zasadności jego dalszego istnienia. Problemy te z największą siłą ujawniły się podczas globalnego kryzysu finansowego zapoczątkowanego w 2007 roku, kiedy okazało się, że struktura aktywów OFE nie uchroniła wartości jednostek rozrachunkowych przed znaczącymi spadkami wartości.

Jak wynika z danych przedstawionych w tabeli 1, w okresie 2007 – 2010 najlepszy Otwarty Fundusz Emerytalny pod względem skumulowanej stopy zwrotu zdołał tylko nieznacznie przekroczyć skumulowany wskaźnik inflacji średniorocznej, a w tym samym okresie waloryzacja emerytur wypłacanych w ramach Funduszu Ubezpieczeń Społecznych (I filar) zwiększyła wartość wypłacanych świadczeń o 0,55 punktu procentowego więcej, niż wyniki inwestycyjne najlepszego z OFE. W niniejszej pracy przez najlepszy fundusz rozumiemy ten OFE, który w okresie 2004-2010 miał najwyższą skumulowaną stopę zwrotu.

Ze względu na fakt, że PTE są jednym z najważniejszych elementów konstrukcyjnych systemu emerytalnego w Polsce, w literaturze przedmiotu

[2] Góra (Góra M., *Zmiany w społeczeństwie a system emerytalny,* [w:] Społeczne aspekty ubezpieczenia, SGH, Warszawa 2005, str. 163-164) kwestionuje zasadność używania pojęcia „ubezpieczony" w odniesieniu do członka systemu emerytalnego. Uznając słuszność tej krytyki, w niniejszej pracy będziemy się jednak posługiwać tym pojęciem, jako najpopularniejszym w literaturze przedmiotu.

dotyczącej inwestowania zbiorowego[3] poświęca się im sporo miejsca. W naszych rozważaniach pomocne mogą być również odwołania do literatury zagranicznej, zwłaszcza opisującej systemy podobne lub zbliżone do polskiego. Raport Komisji Nadzoru Finansowego z 2008 roku[4] podkreśla podobieństwo polskiego systemu emerytalnego do południowoamerykańskich (chilijskiego – w początkowej fazie jego rozwoju, meksykańskiego) i środkowoeuropejskich (Węgry, Czechy, Estonia)[5]. Co charakterystyczne, w polskiej literaturze przedmiotu wciąż przeważają rozważania fragmentaryczne, prace zbiorowe i artykuły specjalistyczne, przy niewielkiej liczbie opracowań monograficznych, które zaczynają się częściej ukazywać dopiero na przestrzeni kilku ostatnich lat. Wydaje się, że przyczyną tego stanu rzeczy jest wciąż niewielki okres funkcjonowania nowego systemu emerytalnego w Polsce i relatywny niedostatek badań empirycznych. Jeśli chodzi o te ostatnie, podkreślenia wymaga aktywna rola najpierw KNUiFE a później KNF która organizuje prace badawcze i publikuje raporty empiryczne.

Najistotniejsze z przyjętego punktu widzenia będą badania dotyczące alokacji aktywów na rynku kapitałowym, a więc w ramach tak zwanej „części akcyjnej". Poniższe rozważania ograniczymy więc do tej części, która pośrednio i bezpośrednio odnosi się do efektywności zarządzania składką przez PTE. Oznacza to pominięcie przeważającej części uwag dotyczących konstrukcji samego systemu emerytalnego, w szczególności tak zwanego I i III filaru tego systemu. Jednakże z uwagi na istniejący, jak się wydaje, ścisły związek między niektórymi elementami konstrukcyjnymi systemu a osiąganymi przez zarządzających wynikami inwestycyjnymi, w poniższych rozważaniach pojawią się również tego typu odniesienia.

---

[3] Choć zarówno prawo polskie (ustawa z 27 maja 2004 o funduszach inwestycyjnych Dz. U. Nr 146 poz. 1546) jak i europejskie (Dyrektywa PE i Rady z 13 lipca 2009 2009/65/WE [tzw. UCITS IV]) łączy to pojęcie raczej z funduszami inwestycyjnymi, to z uwagi na pewne podobieństwa między nimi a OFE w niniejszej pracy termin „instytucje inwestowania zbiorowego" będzie odnoszony do obu typów funduszy.

[4] Komisja Nadzoru Finansowego, *Konkurencja na rynku OFE*, KNF, Warszawa 2008 str. 54-66.

[5] Na podobieństwo celów reform systemów emerytalnych w Europie wskazuje Żukowski M., *Reformy emerytalne w Europie – wzmacnianie ubezpieczeniowego charakteru społecznych systemów emerytalnych*, [w:] Społeczne aspekty ubezpieczenia, SGH, Warszawa 2005, str. 169-183.

Tabela 1. Porównanie wyników inwestycyjnych najlepszego OFE w okresie 2007-2010 ze średnioroczną stopą inflacji w Polsce i wskaźnikiem waloryzacji świadczeń z Funduszu Ubezpieczeń Społecznych.

	2007	2008	2009	2010	Średnia stopa zwrotu za okres 2007-2010	**Skumulowane za okres 2007-2010**
Najlepszy OFE w okresie 2007-2010	7,00%	-13,73%	14,36%	11,13%	4,69%	**17,30%**
Najlepszy OFE w okresie 2007-2010 (część akcyjna)	7,63%	-37,63%	23,46%	19,61%	3,28%	**-0,86%**
Średnioroczny wskaźnik inflacji	2,5%	4,2%	3,5%	2,6%	3,2%	**13,42%**
Wskaźnik waloryzacji świadczeń FUS	6,20%	4,20%	6,10%	4,62%	5,28%	**22,84%**
WIG20	5,19%	-48,17%	29,02%	14,20%	0,24%	**-19,67%**
WIG	10,42%	-51,12%	46,85%	18,77%	24,91%	**-5,86%**

Najlepszym OFE jest fundusz, który w okresie 2007-2010 uzyskał najwyższą skumulowaną stopę zwrotu. Stopy zwrotu tego funduszu obliczono na podstawie biuletynów kwartalnych rynku OFE Komisji Nadzoru Finansowego (http://www.knf.gov.pl/opracowania/rynek_emerytalny/dane_o_rynku/rynek_ofe/Dane_kwartalne/dane_kwartalne.html). Część akcyjna OFE to aktywa które zostały zainwestowane w akcje. Średnioroczny wskaźnik inflacji przytoczono za danymi GUS: (http://www.stat.gov.pl/gus/5840_1634_PLK_HTML.htm). Wskaźnik waloryzacji świadczeń FUS za danymi ZUS: http://www.zus.pl .

Źródło: opracowanie własne na podstawie danych ZUS, GUS, KNF, www.stooq.pl

1.2. Uwarunkowania prawne

1.2.1. Przepisy polskie a regulacje innych państw OECD

Niewątpliwie uregulowania prawne są jednym z najważniejszych czynników wpływających na efektywność inwestycji OFE[6]. Już we wczesnych pracach z tego zakresu, charakterystyczne jest położenie akcentu na ograniczenia prawne możliwości inwestowania środków w poszczególne kategorii aktywów. Twierdzi się, że są one jednym z najważniejszych czynników wpływających na efektywność inwestycji OFE. Skomplikowane i szczegółowe regulacje prawne w tym zakresie są regułą wśród państw OECD w których występuje część kapitałowa systemu emerytalnego[7].

Tabela 2. Limity dozwolonych inwestycji w poszczególne kategorie lokat w wybranych państwach OECD.

	Akcje	Nierucho-mości	Obligacje	Kredyty i inne fundusze inwestycyjne	Inne niż obligacje dłużne papiery wartościowe	Depozyty bankowe
Polska	**40%**	**0%**	**40% dla obligacji z zabezpie-czoną wartością nominalną**	**15%**	**5%**	**20%**
Chile	37%	10% tylko za pośrednictwem funduszy inwestycyjnych	45%	5%	50%	Brak

[6] W niniejszej pracy, dla uproszczenia, posługuję się niekiedy się terminem „efektywność OFE", przez co rozumiem „efektywność inwestycyjną OFE".
[7] Czerwińska T., *Dywersyfikacja portfela inwestycyjnego OFE na tle rozwiązań międzynarodowych*, „Forum dyskusyjne ubezpieczeń i Funduszy Emerytalnych", Nr 3/2004, KNUiFE, Warszawa 2004, str. 75-89.

Norwegia	35%	Brak	30%	30%	1%	Brak
USA	Brak	Brak	Brak	Brak	Brak	Brak
Niemcy	35%	25%	50%	30%	50% tylko w papiery oparte na hipotekach	50%
Austria	50%	20%	Brak	Brak	10%	Brak

Źródło: opracowanie własne na podstawie Czerwińska T., Dywersyfikacja portfela inwestycyjnego OFE na tle rozwiązań międzynarodowych, „Forum dyskusyjne ubezpieczeń i Funduszy Emerytalnych", Nr 3/2004, KNUiFE, Warszawa 2004, str. 75-89.

Warto zauważyć, że ograniczenia są różnorodne i charakteryzują się dużą rozpiętością. Na przykład we Włoszech, Wielkiej Brytanii czy Stanach Zjednoczonych nie obowiązują limity inwestycji w akcje notowane na rynku regulowanym, podczas gdy w Meksyku są one całkowicie zakazane[8]. Na tym tle polska ustawa jest umiarkowanie restryktywna. Zwraca uwagę dość wysoki limit inwestycji w akcje notowane na rynku regulowanym oraz bezwzględny zakaz inwestycji w nieruchomości (a także fundusze nieruchomości). Regulacje dotyczące zasad dywersyfikacji w wybranych państwach OECD przedstawiono w tabeli 3.

Najbardziej interesujące i budzące najwięcej kontrowersji jest ograniczenie dotyczące inwestycji zagranicznych. Wiążą się one z szeregiem problemów inwestycyjnych (ekspozycja na dodatkowe ryzyko walutowe i polityczne) oraz politycznych. Między innymi, w debacie publicznej wysuwa się argument, że zarządzany przez fundusze emerytalne kapitał ma znaczenie i funkcje społeczne, w związku z czym powinien być wykorzystywany jako strumień pieniężny zasilający krajowy rynek kapitałowy.

[8] Czerwińska T., *op.cit.*, str. 80.

Tabela 3. Limity dotyczące polityki dywersyfikacji w ustawodawstwie wybranych państw OECD.

	Minimalne wymogi w zakresie dywersyfikacji portfela	Inwestowanie w podmioty zależne	Limity koncentracji w jednym podmiocie	Limity inwestycji zagranicznych
Polska	**Objęcie maksymalnie do 10% jednej emisji**	**Zakaz w odniesieniu do funduszy zarządzanych przez TFI których akcjonariuszami są akcjonariusze PTE oraz papierów wartościowych emitowanych przez PTE lub ich akcjonariuszy**	**10%**	**5%**
Meksyk	15% w papiery dłużne emitowane w ramach jednej grupy kapitałowej	5% lub 10% (za zezwoleniem)	20%	0% (inwestycje w walucie obcej dozwolone tylko w przypadku tzw. obligacji Brady'ego emitowanych przez rząd lub bank centralny Meksyku ale notowanych na rynku amerykańskim)
Norwegia	Do 0,5% portfela w jedną pożyczkę	20% ale dot. tylko pożyczek zabezpieczonych zastawem. Zakaz inwestowania w papiery wartościowe akcjonariuszy funduszu.	Brak	30%

USA	Ogólne zasady inwestycyjne przyjęte w orzecznictwie i aktach prawnych[9]	10%	Brak	Brak
Niemcy	Maksymalnie 5% jednego emitenta	2%	Brak	30% w akcjach państw UE; 10% w akcjach państw spoza UE; 25% w nieruchomości na obszarze UE.
Austria	Brak	10%	Brak	50%

Źródło: opracowanie własne na podstawie Czerwińska T., Dywersyfikacja portfela inwestycyjnego OFE na tle rozwiązań międzynarodowych, „Forum dyskusyjne ubezpieczeń i Funduszy Emerytalnych", Nr 3/2004, KNUiFE, Warszawa 2004, str. 75-89.

1.2.2. Instytucje prawne wpływające na efektywność inwestycyjną funduszy emerytalnych w Polsce

Niniejsza praca odnosi się do stanu prawnego sprzed wejścia w życie ustawy z 25 marca 2011 r. o zmianie niektórych ustaw związanych z funkcjonowaniem systemu ubezpieczeń społecznych (Dz. U. Nr 75, poz. 398). Większość postanowień tej ustawy weszła w życie 1 maja 2011 roku, pozostałe 1 stycznia 2012 roku. Stan prawny stanowi jedynie tło dla rozważań o istocie problemu efektywności inwestycyjnej OFE, tak więc jego zmiany nie powodują dezaktualizacji przeważającej części zamieszczonych niżej rozważań.

[9] W państwie tym silna, nawet na poziomie legislacyjnym, jest tradycja swobodnej polityki inwestycyjnej zarządzających. Ograniczenia tej swobody sprowadzają się do przestrzegania „zasad sztuki" czy „ogólnych zasad" dotyczących inwestowania na rynkach finansowych. Por. często cytowane orzeczenie w sprawie Harvard College versus Armory (26 Mass. 446, 469 [1830]) z 1830 roku w którym sformułowano zasadę swobody decyzji inwestycyjnych i wskazano na niemożliwość obiektywnej oceny trafności decyzji z uwagi na element ryzyka. Schazenbach M., Sitkoff R., *Did Reform of Prudent Trust Investment Laws Change Trust Portfolio Allocation?*, Harvard Discussion Paper, Nr 580, Harvard Law School, Cambridge 2007 str. 5-7.

Do instytucji prawnych które przekładają się bezpośrednio lub pośrednio na efektywność funduszy emerytalnych w Polsce należą między innymi minimalna wymagana stopa zwrotu i rachunek premiowy.

Przy obliczaniu minimalnej wymaganej stopy zwrotu stosuje się jako benchmark wyniki pozostałych funduszy – jest ona określona jako mniejsza z dwóch wartości: 50% średniej ważonej stopy zwrotu wszystkich funduszy w okresie 36 miesięcy lub stopa o 4 punkty procentowe niższa niż średnia ważona stopa zwrotu. Jeżeli fundusz nie osiągnie tej stopy zwrotu, powstaje niedobór, który musi uzupełnić PTE z własnych funduszy (por. art. 175 OFEU). Zastosowanie wag oznacza, że w interesie zarządzających OFE leży jak największa korelacja ich portfela z portfelami innych funduszy. W celu zneutralizowania tego efektu, art. 173 OFEU stanowi, że maksymalna waga jednego funduszu przy obliczaniu średniej ważonej nie może przekraczać 15%, a w przypadku, gdy realny udział jest większy, wagi pozostałych funduszy są proporcjonalnie zwiększane[10].

Cykliczność trendów giełdowych prędzej czy później spowodowałaby, że wynik inwestycyjny funduszu, który utrzymywałby niską lub ujemną korelację z wynikiem pozostałych funduszy, nie przekroczyłby minimalnej wymaganej stopy zwrotu, w każdym razie znacznie zwiększyłoby to ryzyko takiej sytuacji. Tymczasem podjęcie bardziej agresywnej polityki inwestycyjnej (związanej z większym ryzykiem ale i wyższą potencjalną stopą zwrotu) nie jest, w sensie ekonomicznym, opłacalne dla zarządzających OFE. Badania pokazały, że największy przyrost aktywów i aktywnych rachunków notują te fundusze, które prowadziły najbardziej intensywną politykę reklamową i akwizycyjną[11]. Wyniki inwestycyjne (stopa zwrotu) mają drugorzędne znaczenie przy wyborze określonego OFE przez Polaków. Elementem konkurencyjnym nie jest też wysokość opłat – większość PTE stosuje maksymalne dopuszczalne stawki. Przyczyną takiego stanu rzeczy jest niska świadomość i aktywność członków OFE. Efektem jest znacznie wyższy zysk samych PTE

[10] O tym, że opisany wyżej mechanizm łagodzący jest niewystarczający, pisze Czerwińska, (Czerwińska T., *op. cit.*, str. 28-36).
[11] Obserwacja ta stała się jedną z przyczyn późniejszego zakazu prowadzenia akwizycji.

(wskaźnik ROE na poziomie 22% w samym 2008 roku) niż stopa wzrostu wartości składek (za lata 2005-2008 zaledwie 12,6%). [12] Widać więc wyraźnie różnice interesów, prowadzące często do konfliktu, między ubezpieczonymi a zarządzającymi OFE – pierwsi niewątpliwie oczekują jak najwyższej stopy zwrotu przy jak najniższym ryzyku, podczas gdy drudzy, z uwagi na sposób wynagradzania dążą do maksymalizacji strumienia przepływów pieniężnych do ich funduszu. Świadomi tego dysonansu w jednej z licznych nowelizacji OFEU wprowadzono instytucję tak zwanego rachunku premiowego. Jego funkcją jest nagradzanie najlepszych zarządzających określoną premią pieniężną zgromadzoną na tym rachunku. Według art. 182a OFEU, OFE przekazuje na specjalny rachunek (premiowy) kwotę nie większą niż 0,005% wartości aktywów netto w skali miesiąca zarządzanych przez dane PTE. Pierwszego dnia po podaniu przez KNF średniej ważonej stopy zwrotu funduszów:

- PTE zarządzające najlepszym pod względem osiągniętej stopy zwrotu funduszem może wycofać całość środków zgromadzonych na rachunku premiowym na własne konto (rachunek rezerwowy);
- PTE które zarządza najgorszym funduszem musi zwrócić całość środków na rachunek OFE;
- pozostałe PTE mogą wycofać tylko odpowiednią część środków według wzoru:

$$\text{środki na rachunku} * \frac{\text{stopa zwrotu danego funduszu} - \text{stopa zwrotu najgorszego funduszu}}{\text{stopa zwrotu najlepszego funduszu} - \text{stopa zwrotu najgorszego funduszu}}$$

W literaturze przedmiotu panuje zgoda co do tego, że opisane wyżej mechanizmy nie są efektywne i nie skłaniają OFE do podejmowania dodatkowego ryzyka. W przypadku niskiej lub ujemnej korelacji, cykliczność trendów giełdowych prędzej czy później spowodowałaby, że wynik inwestycyjny funduszu nie przekroczyłby minimalnej wymaganej stopy zwrotu. W odniesieniu do rachunku premiowego, warto zauważyć, że podjęcie dodatkowego ryzyka wiąże się ze

[12] Por. Bielawska K., *op.cit.*, str. 21-27.

spadkiem oczekiwanej stopy zwrotu dla PTE [13]. Prawdopodobieństwo zyskania dodatkowych 0,005% wartości aktywów należy porównać z prawdopodobieństwem nieprzekroczenia minimalnej wymaganej stopy zwrotu, co wiązałoby się z koniecznością dopłaty kapitału z rachunku rezerwowego. Ewentualna wysokość „nagrody" jest również niższa, niż potencjalna wysokość „kary".

Według art. 143 OFEU, OFE mogą inwestować do 5% swoich aktywów w lokaty zagraniczne, to jest określone papiery wartościowe emitowane w państwach OECD i innych państwach wskazanych w ogólnym zezwoleniu właściwego ministra. Jest to ograniczenie względnie restrykcyjne w porównaniu do regulacji stosowanych w innych państwach OECD (por. tabela 3).

KNF przeprowadziła wśród wszystkich PTE ankietę na temat lokowania aktywów poza granicami kraju [14]. Co ciekawe, aż 9 na 14 OFE wskazało, że restrykcje prawne „nieistotnie" lub „mało istotnie" ograniczały zainteresowanie funduszu dokonywaniem inwestycji poza granicami Polski. W czterostopniowej skali („bardzo istotnie", „istotnie", „mało istotnie", „nieistotnie") żadne z PTE nie wskazało na poziom „bardzo istotnie". Tylko jedno z towarzystw zaznaczyło (w części otwartej tj. jako wskazanie własne), że ograniczenie tylko do krajów OECD „istotnie" wpływa na ograniczenie zainteresowania tego typu inwestycjami.

Okazuje się, że zarządzający bardziej obawiają się dodatkowego czynnika ryzyka – fluktuacji kursów walut i braku możliwości jego zabezpieczenia, niż perspektywy wyższej stopy zwrotu [15] i lepszej dywersyfikacji. Istniejący jeszcze niedawno[16] limit 5% nie wpływał więc znacząco na podejmowane przez nich decyzje w tym zakresie.

---

[13] Na niewspółmierność „nagrody" i „kary" zwraca uwagę np. Otto W., *Otwarte fundusze emerytalne: gracze, otoczenie, reguły i rezultaty gry*, „Forum dyskusyjne ubezpieczeń i Funduszy Emerytalnych", Nr 3/2004, KNUiFE, Warszawa 2004, str. 115-131., wskazując na niekorzystne konsekwencje takiego stanu rzeczy na osiąganie wyższych stóp zwrotu przez fundusze emerytalne.

[14] Por. raport KNF „Lokowanie aktywów otwartych funduszy emerytalnych poza granicami kraju w 2009 r.", Urząd KNF, Warszawa 2010.

[15] Warto w tym miejscu zaznaczyć, że w ujęciu teoretycznym, tylko inwestycje zagraniczne mogą doprowadzić do wygenerowania długoterminowej stopy zwrotu wyższej niż wzrost krajowego PKB. Por. Góra M., *op. cit.*, str. 165.

[16] 16 lipca 2009 roku Komisja Europejska wniosła skargę (sprawa C-271/09) przeciwko Polsce do Europejskiego Trybunału Sprawiedliwości o stwierdzenie niezgodności m.in. art. 143 z Traktatami

Jak wynika z badań rentowności inwestycji zagranicznych OFE przeprowadzonych przez Urząd Komisji Nadzoru Ubezpieczeń i Funduszy Emerytalnych za lata 2001-2006[17], większość inwestycji zagranicznych funduszy emerytalnych przyniosło niższą stopę zwrotu niż analogiczne inwestycje w krajowe instrumenty dłużne i udziałowe. Trzeba jednak zaznaczyć, że opisany wyżej raport nie odnosi się w żaden sposób do wpływu dywersyfikacji geograficznej na ryzyko portfeli OFE.

1.3. Pozaprawne determinanty efektywności inwestycyjnej polskich funduszy emerytalnych

1.3.1. Podstawowe problemy inwestowania zbiorowego

Inwestowanie zbiorowe ze swej istoty niesie ze sobą wiele problemów wpływających na jego efektywność. W literaturze teoretycznej przedmiotu zwraca się uwagę przede wszystkim na problemy wynikające z konfliktu interesów między zarządzającymi a uczestnikami tego typu instytucji: zjawisko określane mianem „problemu agencji" (ang. *agency problem*) oraz krótkowzroczną awersję do ryzyka (ang. *myopic loss aversion)*.

W literaturze podaje się kilka sposobów rozwiązania lub przynajmniej złagodzenia negatywnych skutków problemu agencji. Do najciekawszych należy odejście od oceniania benchmarkowego i przejście w kierunku tak zwanych funduszy absolutnej stopy zwrotu[18]. Z konstrukcją tą łączy się ściśle problem motywowania zarządzających. Często wysuwa się propozycję partycypacji kapitałowej zarządzających w podejmowanym ryzyku inwestycyjnym, to jest

(ówczesny art. 56 Traktatu WE dotyczący swobody przepływu kapitału). 14 kwietnia 2011 Rzecznik Generalny Niil Jääskinen wydał opinię uznającą racje Komisji i stwierdzającą, że ograniczenie to jest niezgodne z prawem unijnym.

[17] Por. raport KNUiFE *Efektywność inwestycji zagranicznych Otwartych Funduszy Emerytalnych w okresie 30 marca 2001 r. – 31 marca 2006 r.*, Urząd KNUiFE, Warszawa 2006.

[18] Por. Niedziółka P., *Fundusze hedgingowe a stabilność finansowa,* Wydawnictwo Difin, Warszawa 2009.

obowiązku dokonywania wpłat do funduszu. W ten sposób zarządzający stałby się jednocześnie członkiem funduszu, co powodowałoby zbieżność ich interesów. W literaturze zgłasza się wątpliwości co do możliwości wprowadzenia obowiązkowej partycypacji kapitałowej polskich OFE w podejmowanym ryzyku. Obowiązek taki stałby się bardzo silną barierą wejścia na rynek OFE i podważałby ekonomiczną opłacalność świadczenia usług zarządzania składkami emerytalnymi. Zmusiłoby PTE do zainwestowania znacznych środków w aktywa o bardzo długim horyzoncie inwestycyjnym[19].

W oparciu o tzw. teorię perspektywy (ang. *prospect theory)* Benartzi i Thaler[20] opisali zjawisko nieracjonalnej awersji do ryzyka w krótkim okresie czasu, która powoduje utratę premii za ryzyko w długim okresie. Krótkowzroczna awersja do ryzyka prowadzi do maksymalizacji stopy zwrotu w krótkim terminie, połączonej ze zbyt częstą weryfikacją i wyceną (ewaluacją) portfela inwestycyjnego. Cieślak podaje[21], że dane empiryczne z amerykańskiego rynku funduszy potwierdzają występowanie krótkowzrocznej awersji do strat również wśród inwestorów instytucjonalnych. Problem ten jest szczególnie istotny w odniesieniu do funduszy emerytalnych, które mogłyby czerpać szereg korzyści z przyjęcia, naturalnego dla ich konstrukcji (przymusowe uczestnictwo przy z góry określonym, długim czasem trwania inwestycji), horyzontu długoterminowego[22].

---

[19] Możliwości wprowadzenia oceniania ze względu na osiągniętą absolutną stopę zwrotu z całego okresu inwestycyjnego pojedynczego członka OFE jak i partycypacji PTE w aktywach OFE krytycznie ocenia Wyszyński W., *„Długi" horyzont inwestycyjny OFE i jego konsekwencje,* „Forum dyskusyjne ubezpieczeń i funduszy emerytalnych", Nr 3/2004, Warszawa 2004, str. 137-138.

[20] Benartzi S., Thaler R.,*Risk Aversion or Myopia? Choices in Repeated Gambles and Retirement Investment*. "Management Science" Nr 45/1999, 364-381.

[21] Cieślak A., *Behawioralna ekonomia finansowa Modyfikacja paradygmatów funkcjonujących w nowoczesnej teorii finansów*, Materiały i Studia Nr 165, NBP, Warszawa 2003, str. 98-101.

[22] Wyszyński (Wyszyński W., *op. cit.*, str. 133-139.) kwestionuje zasadność mówienia o długim horyzoncie inwestycyjnym funduszu emerytalnego, dokonując dystynkcji pomiędzy perspektywą pojedynczego ubezpieczonego, zbioru wszystkich ubezpieczonych i samego PTE.

1.3.2. Specyfika polskiego rynku

Praktyka pokazuje, że mechanizmy opisane w podrozdziale 1.2.1. nie motywują do osiągania ponadprzeciętnych stóp zwrotu i stanowią słabszy bodziec niż działający w przeciwnym kierunku strach przed stratami wynikającymi z nieosiągnięcia minimalnej wymaganej stopy zwrotu. Na początku funkcjonowania akcyjnej części systemu emerytalnego jeden z funduszy, BANKOWY OFE, prowadził bardziej agresywną politykę inwestycyjną, regularnie uzyskując wyższe od konkurentów stopy zwrotu. Kiedy koniunktura giełdowa odwróciła się, PTE nim zarządzające nie zdołało uzyskać minimalnej wymaganej stopy zwrotu i w konsekwencji musiało dopłacić do funduszu około 55 mln złotych[23]. To PTE musiałoby w tamtym okresie zarządzać aktywami netto o wartości 11 mld złotych, oraz być najlepszym funduszem w okresie 3-letnim, aby odzyskać taką samą kwotę z rachunku premiowego. W rzeczywistości zgromadziło ono składki o wartości niespełna 2 mld złotych, co oznacza, że musiałoby zarządzać najlepszym funduszem przy 6 kolejnych weryfikacjach.

Efektem opisanych wyżej zjawisk jest określona polityka inwestycyjna funduszy emerytalnych. Można ją określić jako defensywną, co samo w sobie nie stanowi problemu. Wielu autorów podkreśla nawet, że taka właśnie charakterystyka jest zamierzona i była celem twórców reformy emerytalnej z 1999[24]. Nie uchroniła ona jednak portfeli OFE przed bardzo słabymi wynikami inwestycyjnymi w okresie kryzysu finansowego 2007-2009. W marcu 2009 roku po raz pierwszy wartość jednostek rozrachunkowych średnio spadła w okresie trzyletnim. Już wcześniej zdarzały się ujemne stopy zwrotu z części akcyjnej.

---

[23] Por. Dubowski M., *Możliwości osiągnięcia wyższych stóp zwrotu przez otwarte fundusze emerytalne*, „Forum dyskusyjne ubezpieczeń i funduszy emerytalnych", Nr 3/2004, KNUIFE, Warszawa 2004, str. 71.
[24] Dubowski M., *op.cit.*, str. 65-74.

Rysunek 1. Porównanie zmian wartości jednostki rozrachunkowej najlepszego OFE, WIG i WIG20 w okresie 1999-2009.

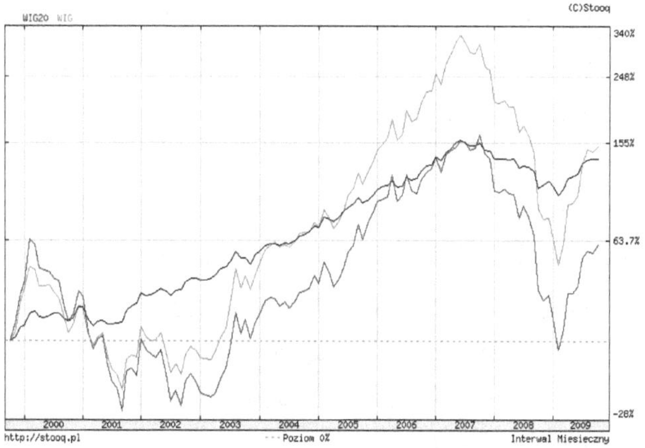

Rysunek przedstawia porównanie wyników inwestycyjnych najlepszego OFE, to jest funduszu, który w całym badanym okresie uzyskał najwyższą skumulowaną stopę zwrotu (najciemniejsza krzywa), ze zmianami indeksów WIG (najjaśniejsza krzywa) i WIG20 (pośrednia krzywa) w okresie 1999-2009. Jednostka rozrachunkowa OFE odzwierciedla udział ubezpieczonego w aktywach funduszu, jest więc obliczana z uwzględnieniem opłat i prowizji. Źródło: http://www.stooq.pl

Specyfika polskiego rynku kapitałowego niewątpliwie wpływa na politykę inwestycyjną funduszy emerytalnych. Co niezwykle istotne, wpływ ten ma charakter sprzężenia zwrotnego. Jeszcze w 2001 roku polski rynek kapitałowy był słabo rozwinięty a wielkość aktywów zarządzanych przez OFE relatywnie niewielka. Obecnie, warszawska Giełda Papierów Wartościowych staje się centrum finansowym Europy Środkowo-Wschodniej, a OFE są jednym z najważniejszych elementów jej architektury, przede wszystkim z uwagi na duże rozmiary zarządzanych aktywów.

Polski rynek kapitałowy wciąż charakteryzuje się specyficznym modelem ładu korporacyjnego polegającym na dominującej pozycji akcjonariusza większościowego[25]. Fakt ten, w połączeniu z ograniczeniami prawnymi dotyczącymi limitów koncentracji w akcjonariacie jednego podmiotu (por. podrozdział 1.2.1.) powoduje, że OFE w strukturze właścicielskiej sytuują się jako akcjonariusze

[25] Por. Opalski A., *Rada nadzorcza w spółce akcyjnej*, Wydawnictwo C.H. Beck, Warszawa 2006.

mniejszościowi. Sytuacji nie zmieniła implementacja [26] dyrektywy 2007/36/WE Parlamentu Europejskiego i Rady z 11 lipca 2007 r. w sprawie wykonywania niektórych praw akcjonariuszy spółek notowanych na rynku regulowanym[27] mająca na celu również aktywizację funduszy w zakresie wykonywania uprawnień właścicielskich. OFE pozostały akcjonariuszami mniejszościowymi i biernymi w sensie udziału w zarządzaniu spółką. Nie ulega wątpliwości, że interesy aktywnych akcjonariuszy większościowych są częstokroć sprzeczne z interesami funduszy obecnych w akcjonariacie. Najbardziej chyba namacalnym efektem tego konfliktu interesów, wpływającym w sposób bezpośredni na wyniki inwestycyjne OFE jest polityka dywidend. Akcjonariusz dysponujący większością głosów będzie zwykle zainteresowany pozostawieniem środków pieniężnych w firmie (maksymalizowaniem wartości dla firmy) ograniczając wypłaty dywidendy. Odpowiada to charakterystyce polskiego rynku giełdowego. Z wyjątkiem spółek z dominującym akcjonariatem Skarbu Państwa niewielu emitentów prowadzi stabilną politykę dywidendową (np. zwiększając stopę dywidendy z roku na rok lub choćby rokrocznie wypłacających dywidendę). Tym samym polskie fundusze emerytalne są praktycznie pozbawione możliwości inwestowania według modelu, którym często posługują się fundusze emerytalne zachodnie a który doskonale odpowiada długoterminowemu horyzontowi inwestycyjnemu OFE - modelowi inwestowanie w spółki „dywidendowe".

1.3.3. Wielkość funduszu i problem naśladownictwa

Podkreśla się, że struktura polskiego rynku usług zarządzania składką emerytalną podlega daleko idącej koncentracji jak wielką rolę w funkcjonowaniu całego rynku odgrywają największe fundusze i wzmacnia[28]. Mają na to wpływ

[26] Dokonana ustawą z 5.12.2009 roku o zmianie ustawy - Kodeks spółek handlowych oraz ustawy o obrocie instrumentami finansowymi (Dz. U. Nr 13 poz. 69).
[27] Dz. Urz. UE L 184/17 z 14.07.2007 r.
[28] Por. Bielawska K., *Dziesięć lat funkcjonowania Otwartych Funduszy Emerytalnych – doświadczenia i wyzwania,* [w:] Ubezpieczenia emerytalne, społeczne i metody aktuarialne, Wydawnictwo Uniwersytetu Ekonomicznego we Wrocławiu, Wrocław 2010, str. 21-27.

wysokie bariery wejścia na rynek i relatywnie wyższe koszty ponoszone przez małe podmioty, co sprzyja przejmowaniu ich przez większe firmy. Czerwińska pokazuje, że liczony jako suma przychodów z opłat od składek, opłat za zarządzanie aktywami oraz wynagrodzenia premiowego w stosunku do średniej wartości aktywów netto danego OFE, wskaźnik obciążenia kosztami[29] członków mniejszych funduszy jest wyższy. Co więcej, nie istnieje statystyczny związek między wysokim współczynnikiem obciążenia kosztów a osiąganą stopą zwrotu, co prowadzi do większej konkurencyjności dużych podmiotów. Obecnie na rynku funkcjonuje 13 PTE, a 4 największe zajmują 70% rynku. Fakt ten uzmysławia efekt „podążania za największym". Co więcej, efekt ten jest coraz silniejszy. Bielawska[30] zwraca uwagę na spadek rozpiętości wyników OFE – w roku 2001 różnica między najwyższą a najniższą stopą zwrotu uzyskiwaną przez OFE wynosiła 22 punkty procentowe, podczas gdy w 2009 już tylko 5,5 punktu procentowego.

Trippner[31] przeprowadził badania podobieństw struktury portfeli wszystkich OFE i czwórki największych funduszy przy wykorzystaniu wskaźnika podobieństwa struktury. Wskaźnik ten służy do pomiaru podobieństwa struktur. Im wskaźnik Wp, przyjmujący wartości od 0 do 1, jest bliższy jedności, tym struktury badanych zbiorowości są bardziej podobne. Wzór na wartość wskaźnika jest następujący:

$$W_p = \sum_{i=1}^{n} \min(W_{1i}, W_{2i})$$

Ta prosta statystyka przyjmowała, dla portfeli inwestycyjnych OFE, wartości 0,93-0,99 w okresie 1999-2008 (por. tabela 4). Tabela 5 porównuje struktury portfeli czterech największych OFE i wszystkich pozostałych.

---

29 Por. Czerwińska T., *Efektywność funkcjonowania powszechnych towarzystw emerytalnych w świetle wymogów ich właścicieli oraz członków otwartych funduszy emerytalnych*, [w:] Ubezpieczenia emerytalne, społeczne i metody aktuarialne, Wydawnictwo Uniwersytetu Ekonomicznego we Wrocławiu, Wrocław 2010, str. 28-36

30 Bielawska K., *op. cit.*, str. 23.

31 Trippner P., *Wpływ koniunktury giełdowej na strukturę portfeli lokacyjnych OFE*, [w:] *Ubezpieczenia emerytalne, społeczne i metody aktuarialne*, Wydawnictwo Uniwersytetu Ekonomicznego we Wrocławiu, Wrocław 2010, str. 159-166.

Tabela 4. Wskaźnik podobieństwa struktur portfeli OFE w odniesieniu do czterech największych OFE w latach 1999-2008.

Rok	Wskaźnik podobieństwa struktur
1999	0,9661
2000	0,9328
2001	0,9489
2002	0,9782
2003	0,9947
2004	0,9858
2005	0,9937
2006	0,9858
2007	0,9755
2008	0,9879

Źródło: Opracowanie własne na podstawie Trippner P., Wpływ koniunktury giełdowej na strukturę portfeli lokacyjnych OFE, [w:] Ubezpieczenia emerytalne, społeczne i metody aktuarialne, Wydawnictwo Uniwersytetu Ekonomicznego we Wrocławiu, Wrocław 2010, str. 165.

Tabela 5. Udziały poszczególnych kategorii lokat w portfelach OFE w latach 1999-2008.

Rok	Cztery największe OFE			Pozostałe fundusze		
	akcje	papiery bezpieczne	inne	akcje	papiery bezpieczne	inne
1999	29,06	67,31	3,63	25,67	68,87	5,46
2000	31,44	62,36	6,2	34,15	55,64	10,21
2001	28,92	66,55	4,53	23,81	68,27	7,92
2002	27,38	68,89	3,73	25,32	68,77	5,91
2003	31,33	59,85	8,82	30,8	60,28	8,92

2004	32,56	59,15	8,29	33,42	60,05	6,53
2005	32,19	63,17	4,64	31,96	62,77	5,27
2006	34,77	61,17	4,06	33,62	60,9	5,48
2007	35,58	59,81	4,61	33,13	60,32	6,55
2008	21,63	75,66	2,71	21,56	74,52	3,92

Źródło: Opracowanie własne na podstawie Trippner P., Wpływ koniunktury giełdowej na strukturę portfeli lokacyjnych OFE, [w:] Ubezpieczenia emerytalne, społeczne i metody aktuarialne, Wydawnictwo Uniwersytetu Ekonomicznego we Wrocławiu, Wrocław 2010, str. 165.

Trippner wiąże fakt tak ścisłego związku między portfelami OFE bezpośrednio w metodzie liczenia minimalnej wymaganej stopy zwrotu. Jest ona skonstruowana w sposób, który nie neutralizuje dysproporcji między wielkością zarządzanych aktywów przez największe i najmniejsze OFE.

Największe fundusze, z uwagi na rozmiar zarządzanych aktywów wykazują mniejszą elastyczność na sytuację rynkową. To zmusza je do prowadzenia bardziej defensywnej polityki inwestycyjnej. Co więcej, z uwagi na ograniczoną podaż papierów wartościowych na polskim rynku finansowym, duże OFE stoją przed problemem przymusowej dywersyfikacji, która może prowadzić do nieefektywnej alokacji i zjawiska nadmiernej dywersyfikacji (ang. *overdiversification*). W efekcie większe OFE uzyskują mniejszą stopę zwrotu, co z kolei zmniejsza stopy zwrotu osiągane przez pozostałe OFE, które ponad wszystko starają się nie odbiegać od ustalonego benchmarku.

1.3.4. Dywersyfikacja portfela

W zarządzaniu aktywami przez polskie OFE doniosłą rolę odgrywa problem dywersyfikacji portfela. Z jednej strony niezbędny jest taki jej poziom, aby zminimalizować ryzyko związane z inwestycjami OFE. Z drugiej, utrzymywanie pozycji w zbyt wielu aktywach jednocześnie może prowadzić do problemu nadmiernej dywersyfikacji. Warto w tym miejscu przypomnieć klasyczne badanie Evansa i Archera[32]. Autorzy mierząc ryzyko odchyleniem standardowym dla szeregu czasowego doszli do wniosku, że liczbą papierów w portfelu, która prowadzi do optymalnej redukcji ryzyka specyficznego jest 10 losowo wybranych aktywów. Teza ta była często krytykowana, a kolejne badania empiryczne sugerowały zwiększenie liczby papierów potrzebnych do optymalnej dywersyfikacji. Statman[33] zwraca uwagę, że losowo dopierane aktywa charakteryzują się różnymi statystykami (wariancją, kowariancją z innymi papierami) i wobec tego niebezpieczne jest kategoryczne wskazanie na liczbę 10 jako optymalną ilość aktywów w portfelu. Sam twierdzi, że jest to 30-40 papierów. Najnowsze badania jeszcze zwiększają tę liczbę do 40-50, potwierdzając jednak poprawność metodologiczną modelu Evans'a i Archer'a[34]. Wszystkie te badania kontrastują z polityką inwestycyjną polskich OFE, które utrzymują pozycje w 70 (mniejsze OFE) do nawet 130 (większe OFE) spółkach. Rodzi to przypuszczenie, że fundusze te stoją przez problemem nadmiernej dywersyfikacji (ang. *overdiversification* lub *superfluous diversification),* co skutkuje zbytnim obniżeniem stopy zwrotu przy niewielkiej obniżce ryzyka.

KNF przeprowadziła wśród wszystkich PTE ankietę na temat lokowania aktywów poza granicami kraju[35]. Co ciekawe, aż 9 na 14 OFE wskazało, że restrykcje prawne „nieistotnie" lub „mało istotnie" ograniczały zainteresowanie funduszu dokonywaniem inwestycji poza granicami Polski. W czterostopniowej skali („bardzo istotnie", „istotnie", „mało istotnie", „nieistotnie") żadne z PTE nie wskazało na poziom „bardzo istotnie". Tylko jedno z towarzystw zaznaczyło (w części otwartej tj. jako wskazanie własne), że ograniczenie tylko do krajów OECD „istotnie" wpływa na ograniczenie zainteresowania tego typu inwestycjami.

[32] Evans J., Archer S., *Diversification and the reduction of dispersion: an empirical analysis*, Journal of Finance, Nr 23/1968, str. 761-767

[33] Statman M., *How Many Stock Make a Diversified Portfolio?,* Journal of Financial and Quantitative Analysis, Vol. 22 No. 3/1987, str. 353-363.

[34] Benjelloun H., *Evans and Archer – forty years later,* Investment Management and Financial Innovations, Vol. 7, Issue 1/2010.

[35] Por. raport KNF „Lokowanie aktywów otwartych funduszy emerytalnych poza granicami kraju w 2009 r.", Urząd KNF, Warszawa 2010. http://www.knf.gov.pl/Images/Lokowanie_aktywow_OFE_poza_granicami_kraju_2009_tcm75-23211.pdf

Spośród wskazanych przez ankietera propozycji, restrykcje prawne odgrywają najmniejszą rolę (por. rysunek 2).

Rysunek 2. Porównanie uśrednionych odpowiedzi na pytanie: „Proszę wskazać, w jakim stopniu poszczególne przyczyny ograniczały zainteresowanie Towarzystwa w zakresie lokowania aktywów zarządzanego Funduszu poza granicami kraju w 2009 roku"

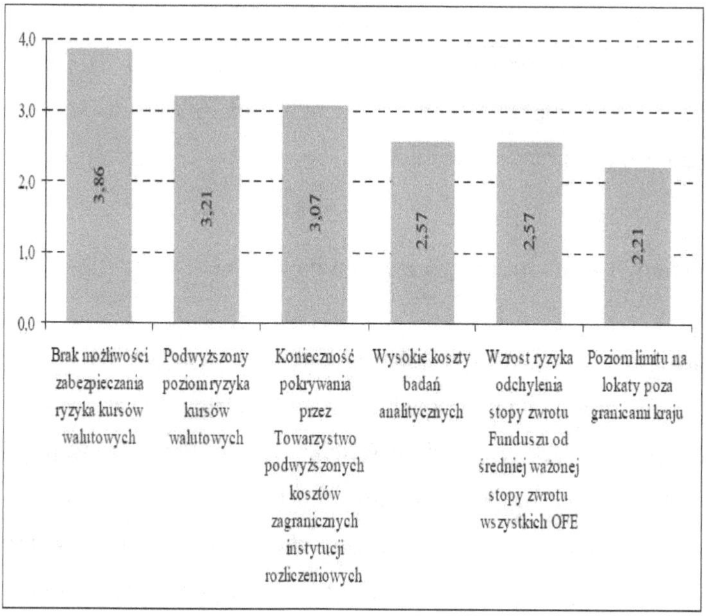

gdzie:
4 – bardzo istotnie
3 – istotnie
2 – małoistotnie
1 – nieistotnie

Źródło: Urząd Komisji Nadzoru Finansowego, „Lokowanie aktywów otwartych funduszy emerytalnych poza granicami kraju w 2009 r. Wyniki ankiety", Urząd KNF, Warszawa 2010, str. 5

Okazuje się, że zarządzający bardziej obawiają się dodatkowego czynnika ryzyka – fluktuacji kursów walut i braku możliwości jego zabezpieczenia, niż perspektywy wyższej stopy zwrotu[36] i lepszej dywersyfikacji a istniejący jeszcze do

[36] Warto w tym miejscu zaznaczyć, że w ujęciu teoretycznym, tylko inwestycje zagraniczne mogą doprowadzić do wygenerowania długoterminowej stopy zwrotu wyższej niż wzrost krajowego PKB. Por. Góra M., *op. cit.*, str. 165.

niedawna[37] limit 5% nie wpływał znacząco na podejmowane przez nich decyzje w tym zakresie.

Jak wynika z badań rentowności inwestycji zagranicznych OFE przeprowadzonych przez Urząd Komisji Nadzoru Ubezpieczeń i Funduszy Emerytalnych za lata 2001-2006[38], większość inwestycji zagranicznych funduszy emerytalnych przyniosło niższą stopę zwrotu niż analogiczne[39] inwestycje w krajowe instrumenty dłużne i udziałowe. Badania empiryczne skłaniają do odrzucenia tezy, że szersze wykorzystanie instrumentów zagranicznych przez OFE przyczyniłoby się do poprawy efektywności II filaru systemu emerytalnego w Polsce. Trzeba jednak zaznaczyć, że opisany wyżej raport nie odnosi się w żaden sposób do wpływu dywersyfikacji geograficznej na ryzyko portfeli OFE.

1.3.5. „Problem agencji" i krótkowzroczna awersja do ryzyka

„Problem agencji" jest zjawiskiem szeroko opisanym w literaturze dotyczącej nie tylko funduszy emerytalnych, ale wszystkich instytucji inwestowania zbiorowego a także innych sytuacji w których występują pośrednicy i asymetria informacji. W niniejszej pracy nie ma miejsca na przedstawienie choćby podstaw teorii agencji, dynamicznie rozwijającej się na Zachodzie dziedziny ekonomii. Wystarczy w tym miejscu zasygnalizować, że w przypadku funduszu emerytalnego problem konfliktu interesów między zarządzającymi a ubezpieczonymi jest silniejszy niż w tradycyjnych funduszach inwestycyjnych z uwagi na niedopasowanie horyzontów inwestycyjnych. Zarządzający funduszem nie mają bezpośredniego interesu w

---

[37]Przewidywał go art. 143 ust. 2 OFEU. 16 lipca 2009 roku Komisja Europejska wniosła skargę (sprawa C-271/09) przeciwko Polsce do Europejskiego Trybunału Sprawiedliwości (obecni Trybunał Sprawiedliwości Unii Europejskiej) o stwierdzenie niezgodności m.in. art. 143 OFEU z Traktatami (ówczesny art. 56 Traktatu WE dotyczący swobody przepływu kapitału). 14 kwietnia 2011 Rzecznik Generalny Niil Jääskinen wydał opinię uznającą racje Komisji i stwierdzającą, że ograniczenie to jest niezgodne z prawem unijnym. Stało się to przyczyną konieczności modyfikacji prawa w tym zakresie.

[38] Por. raport KNUiFE *Efektywność inwestycji zagranicznych Otwartych Funduszy Emerytalnych w okresie 30 marca 2001 r. – 31 marca 2006 r.*, Urząd KNUiFE, Warszawa 2006.

[39] Por. poczynione w badaniu założenia co do konstrukcji „portfeli analogicznych" raport KNUiFE, *op.cit.* str. 22-23.

osiąganiu jak najwyższej stopy zwrotu, lecz na maksymalizowaniu strumieni składek przekazywanych danemu PTE przez ZUS i związanych z nimi opłatami.

W literaturze podaje się kilka sposobów rozwiązania lub przynajmniej złagodzenia „problemu agencji". Do najciekawszych należy odejście od oceniania benchmarkowego i przejście w kierunku tak zwanych funduszy absolutnej stopy zwrotu [40]. Mimo prawnego zakazu tworzenia funduszy hedgingowych, których konstrukcja idealnie nadaje się do prowadzenia polityki absolutnej stopy zwrotu, na polskim rynku funduszy inwestycyjnych pojawiło się już sporo tego typu funduszy (fundusze „absolutnej stopy zwrotu"), jednak brak badań empirycznych wskazujących na wyższe stopy zwrotu osiągane przez takie fundusze.

Z konstrukcją funduszu absolutnej stopy zwrotu łączy się ściśle problem motywowania zarządzających. Często wysuwa się propozycję partycypacji kapitałowej zarządzających w podejmowanym ryzyku inwestycyjnym, to jest obowiązku dokonywania wpłat do funduszu. W ten sposób zarządzający stałby się jednocześnie członkiem funduszu, co powodowałoby zbieżność ich interesów. Jest to bardzo popularna metoda marketingowa stosowana przez zarządzających funduszami typu hedge w Stanach Zjednoczonych. W odniesieniu do polskich OFE byłaby jednak bardzo trudna do implementacji. Obowiązek partycypacji kapitałowej PTE stałby się bardzo silną barierą wejścia na rynek OFE i podważałby ekonomiczną opłacalność świadczenia usług zarządzania składkami emerytalnymi. Zmusiłoby PTE do zainwestowania znacznych środków w aktywa o bardzo długim horyzoncie inwestycyjnym[41].

Zjawisko krótkowzrocznej awersji do ryzyka (ang. *myopic loss aversion)* jest szeroko opisywane w literaturze dotyczącej finansów behawioralnych i funduszy inwestycyjnych. W oparciu o tzw. teorię perspektywy (ang. *prospect theory)* Bernatzi

[40] Por. Niedziółka P., *Fundusze hedgingowe a stabilność finansowa,* Wydawnictwo Difin, Warszawa 2009.
[41] Możliwości wprowadzenia oceniania ze względu na osiągniętą absolutną stopę zwrotu z całego okresu inwestycyjnego pojedynczego członka OFE jak i partycypacji PTE w aktywach OFE krytycznie ocenia Wyszyński W., *„Długi" horyzont inwestycyjny OFE i jego konsekwencje,* „Forum dyskusyjne ubezpieczeń i funduszy emerytalnych", Nr 3/2004, Warszawa 2004, str. 137-138.

i Thaler[42] opisali zjawisko nieracjonalnej awersji do ryzyka w krótkim okresie, która powoduje utratę premii za ryzyko w długim okresie. Choć ich model skonstruowany został w odniesieniu do inwestorów indywidualnych, to nie ulega wątpliwości, że zjawisko to dotyczy w podobnym stopniu profesjonalnych (instytucjonalnych) uczestników rynku. Cieślak[43] podaje, że dane empiryczne z amerykańskiego rynku funduszy potwierdzają występowanie krótkowzrocznej awersji do strat również wśród inwestorów instytucjonalnych. W przypadku OFE zjawisko krótkowzrocznej awersji do ryzyka jest łączone z „problemem agencji". Prowadzi ona do nieracjonalnych ekonomicznie decyzji inwestycyjnych wskutek zastosowania zbyt krótkiego horyzontu inwestycyjnego. Problem ten jest szczególnie istotny w odniesieniu do funduszy emerytalnych, które mogłyby czerpać szereg korzyści z przyjęcia, naturalnego dla ich konstrukcji (przymusowe uczestnictwo z określonym z góry, długim, czasem trwania inwestycji), horyzontu długoterminowego[44].

Krótkowzroczna awersja do ryzyka prowadzi do maksymalizacji stopy zwrotu w krótkim terminie, połączoną ze zbyt częstą weryfikacją i wyceną (ewaluacją) portfela inwestycyjnego. Powoduje to utratę premii za ryzyko. Warto zauważyć, że zjawisko to jest potęgowane przez sposób oceny wyników OFE przez KNF, na co zwracają uwagę liczni autorzy. Wśród nich nie panuje zgoda co do tego, czy wyniki funduszy są weryfikowane zbyt często czy zbyt rzadko. Nie ulega jednak dyskusji fakt, że ma to bezpośrednie przełożenie na efektywność inwestycji funduszy emerytalnych. Na tym tle dyskutowane jest co najmniej kilka rozwiązań:

- zmiana sposobu obliczania benchmarku.
- rezygnacja z obliczania benchmarku i pozostawienie oceny funduszy samym ubezpieczonym. Zwolennicy takiego podejścia uważają, że przychody zarządzających i tak są ściśle związane z osiąganym przez fundusze zyskiem i

---

[42] Benartzi S., Thaler R.,*Risk Aversion or Myopia? Choices in Repeated Gambles and Retirement Investment*. "Management Science" Nr 45/1999, 364-381.

[43] Cieślak A., *Behawioralna ekonomia finansowa Modyfikacja paradygmatów funkcjonujących w nowoczesnej teorii finansów*, Materiały i Studia Nr 165, NBP, Warszawa 2003, str. 98-101.

[44] Wyszyński (Wyszyński W., *op. cit.*, str. 133-139.) kwestionuje zasadność mówienia o długim horyzoncie inwestycyjnym funduszu emerytalnego, dokonując dystynkcji pomiędzy perspektywą pojedynczego ubezpieczonego, zbioru wszystkich ubezpieczonych i samego PTE.

zewnętrzna ocena powiązana z motywowaniem w postaci kar lub nagród jest zbędna i niepotrzebnie potęguje efekt krótkowzrocznej awersji do ryzyka.

- zmniejszenie okresu oceny do minimum. Wyszyński[45] proponuje nawet codzienną weryfikację wyników inwestycyjnych. Ma to prowadzić do uodpornienia psychicznego zarządzających na podleganie ocenie nadzoru i neutralizację jego wpływu na politykę inwestycyjną.

1.4. Podsumowanie

Duże znaczenie należy przypisać przepisom prawnym. Oddziałują one bezpośrednio na sposób alokacji aktywów przez fundusze i stanowią instrument wpływania na decyzje podejmowane przez zarządzających. W tym zakresie kluczowa wydaje się procedura oceny wyników funduszy. Polski ustawodawca wykorzystuje przy tym instytucje minimalnej wymaganej stopy zwrotu i rachunku premiowego. W literaturze zwraca się uwagę, że nie zachęcają one do podejmowania dodatkowego ryzyka i osiągania wyższych stóp zwrotu. Wobec tego proponuje się całkowite zniesienie lub choćby ograniczenie mechanizmu minimalnej wymaganej stopy zwrotu[46].

W zakresie czynników pozaprawnych warto podkreślić problem konfliktu interesów między zarządzającymi a ubezpieczonymi. Jest on silniejszy niż w tradycyjnych funduszach inwestycyjnych z uwagi na szczególnie wyraźne niedopasowanie horyzontów inwestycyjnych. Zarządzający funduszem nie mają bezpośredniego interesu w osiąganiu jak najwyższej stopy zwrotu, lecz na maksymalizowaniu wartości strumienia składek przekazywanych danemu PTE przez ZUS i związanych z nimi opłatami.

[45] Wyszyński W., *op. cit.*, str. 136-137.

[46] Por. Otto W., *op. cit.*, str. 131. Autor zauważa, że rozwiązanie takie spowodowałoby obniżenie bezpieczeństwa członków funduszu, co można rozwiązać poprzez zwiększenie wpłat do Funduszu Gwarancyjnego a także wprowadzenie instytucji marginesu wypłacalności, jako wymaganych środków własnych funduszu.

Uwarunkowania prawne i czynniki pozaprawne przeplatają się ze sobą i razem tworzą obraz determinant efektywności polskich funduszy emerytalnych. Widać to doskonale na przykładzie zjawiska krótkowzrocznej awersji do ryzyka. Jest ono potęgowane przez sposób oceny wyników OFE przez KNF, na co zwracają uwagę liczni autorzy[47]. Wśród nich nie panuje zgoda co do tego, czy wyniki funduszy są weryfikowane zbyt często czy zbyt rzadko. Nie ulega jednak dyskusji fakt, że ma to bezpośrednie przełożenie na efektywność inwestycji funduszy emerytalnych.

[47] Por. Cieślak A., *op. cit.* str. 100

ROZDZIAŁ II: Przegląd literatury badawczej

W literaturze proponuje się wiele metod oceny efektywności funduszy emerytalnych. Z konieczności przedstawione zostaną tylko niektóre z nich. Niezwykle ważne wydaje się przy tym uwzględnienie specyfiki systemów emerytalnych w poszczególnych państwach. W niniejszym rozdziale przedstawiono przykłady empirycznych badań nad wynikami inwestycyjnymi funduszy emerytalnych w różnych państwach świata. Ocena tych badań będzie prowadzona ze szczególnym uwzględnieniem implikacji dla polskiego systemu i wyników OFE w Polsce.

Należy odnotować, że literatura dotycząca efektywności funduszy emerytalnych tylko sporadycznie odwołuje się do badań empirycznych, skupiając swoją uwagę na zagadnieniach teoretycznych i modelowaniu matematycznym procesów optymalizacyjnych. Co więcej, wyniki poszczególnych badań empirycznych charakteryzują się dużymi różnicami w zależności od przyjmowanych założeń, badanego rynku czy umiejscowieniu w czasie. Wydaje się, że jest to spowodowane cechami badanego środowiska: rynki finansowe podlegają nieustannym zmianom, różnią się między sobą stopniem rozwoju czy efektywności w rozumieniu Famy. Kształtowanie się stóp zwrotu podlega zaś procesom psychologicznym, co dodatkowo utrudnia optymalizację. Badacze muszą więc przyjmować znacznie upraszczające rzeczywistość założenia.

2.1. Efektywność inwestycyjnej funduszy emerytalnych na świecie

2.1.1. Wielka Brytania

Rynek funduszy emerytalnych w Wielkiej Brytanii jest największy w Europie. Według Allianz Global Investors do 2020 roku osiągnie on wartość 6 bilionów euro[48]. Cechą charakterystyczną brytyjskich funduszy emerytalnych było relatywnie duże zaangażowanie w akcje, co pociągało za sobą wysoką ekspozycję na ryzyko zmienności cen aktywów na rynku kapitałowym. Kryzys finansowy przyniósł refleksję, która ukierunkowała reformy na zwiększenie udziału funduszu państwowego (*State Second Pension)* w zabezpieczeniu emerytalnym i nacisku na prywatne fundusze w celu zmniejszenia ponoszonego przez nie ryzyka.

Tabela 6. Porównanie podstawowych statystyk dotyczących kwartalnych stóp zwrotu funduszy emerytalnych w Wielkiej Brytanii oraz FTSE All-Share Index w latach 1983 - 1997.

	Wszystkie fundusze	Ważone wartością zarządzanych aktywów	FTSE All-Share Index
Średnia stopa zwrotu	4,32%	3,80%	4,38%
Odchylenie standardowe	8,67%	8,14%	8,34%

Źródło: opracowanie własne na podstawie: Thomas A., Tonks I., Equity Performance of Segregated Pension Funds in the UK, "CMPO Working Paper Series", Nr 00/26, Bristol 2000, str. 18.

Wszystkie poddane badaniu fundusze miały nieznacznie niższą średnią stopę zwrotu i wyższe odchylenie standardowe niż indeks szerokiego rynku. Podobieństwo to dotyczy zarówno stopy zwrotu jak i odchylenia standardowego. W badanym okresie średnia stopa zwrotu brytyjskich funduszy emerytalnych wyniosła 4,32%, a indeksu FTSE All-Share 4,38%, zaś przeciętne roczne odchylenie standardowe odpowiednio: 8,67% i 8,34%. Co ciekawe, gdy autorzy zważyli wyniki funduszy wartością zarządzanych aktywów, średnia roczna stopa zwrotu wyniosła tylko 3,80%,

[48] http://www.pensionfundsonline.co.uk/countryprofiles/uk.aspx

a średnie roczne odchylenie standardowe 8,14%. Wyniki te sugerują, że mniejsze fundusze charakteryzują się znacznie wyższą stopą zwrotu przy niewiele wyższym odchyleniu standardowym niż duże. Autorzy wiążą ten fakt z szerszymi możliwościami inwestowania w akcje mniejszych przedsiębiorstw przez fundusze zarządzające niewielkimi aktywami. Papiery mniejszych firm charakteryzują się wyższą potencjalną stopą zwrotu ale i wyższym ryzykiem płynności, które nie jest możliwe do zaakceptowania przez duże fundusze. Warto w tym miejscu zauważyć, że badaniem objęto również fundusze pracownicze, będące ważnym elementem systemu emerytalnego w Wielkiej Brytanii. W odniesienie do polskich OFE należy stwierdzić, że nawet najmniejsze fundusze zarządzają relatywnie (w stosunku do innych uczestników rynku) dużymi aktywami, które uniemożliwiają im elastyczne inwestowanie w mało płynne przedsiębiorstwa. Ponadto ograniczenia prawne zawarte w OFEU nakazują inwestowanie tylko w akcjach przedsiębiorstw notowanych na rynku regulowanym, co w sposób bardzo istotny ogranicza spektrum możliwości inwestycyjnych OFE.

Thomas i Tonks podają ponadto, że w badanym okresie współczynnik korelacji Pearsona między średnimi stopami zwrotu funduszy emerytalnego a FTSE All-Share Index wyniósł aż 0,995. Współczynnik beta 80% portfeli badanych funduszy wahał się w przedziale 0,95-1,08 (por. tabela 7). Prowadzi to do wniosku, że większość funduszy stara się naśladować indeks szerokiego rynku (*benchmark*), a składy ich portfeli są bardzo do siebie podobne.

Współczynniki oszacowane przez autorów pochodzą z prostej regresji:

$$R_{Pt} - R_{ft} = \alpha_P + \beta_P(R_{Mt} - R_{ft}) + \varepsilon_{Pt}$$

gdzie:

- R_{Pt} jest stopą zwrotu z portfela w okresie t

- R_{ft} jest stopą zwrotu z aktywa pozbawionego ryzyka w okresie t

- R_{Mt} jest stopą zwrotu z portfela rynkowego w okresie t

- β_P jest wrażliwością stopy zwrotu portfela względem różnicy między stopą zwrotu z portfela rynkowego i aktywu pozbawionego ryzyka

Tabela 7. Ocena efektywności funduszy emerytalnych w Wielkiej Brytanii w latach 1983-1997 przy pomocy modelu jednowskaźnikowego.

	Liczba funduszy	α_P	β_P
Wszystkie fundusze	1714	0,00017	1,018
Rozkład parametrów			
10%		-0,0047	0,9525
25%		-0,0021	0,9911
50%		0,0002	1,0218
75%		0,0023	1,0508
90%		0,0046	1,0802

Źródło: opracowanie własne na podstawie: Thomas A., Tonks I., Equity Performance of Segregated Pension Funds in the UK, "CMPO Working Paper Series", Nr 00/26, Bristol 2000, str. 19.

Wartości przedstawione w tabeli są średnimi dla danej próby. Interesujący jest rozkład tych współczynników, charakteryzujący się symetrycznością a także wysoką kurtozą (skupieniem wokół średniej). Autorzy podają, że tylko dla około 10% obserwacji statystyki t-Studenta dla alfy przyjmowały wartości pozwalające przyjąć, że jest ona statystycznie istotnie różna od zera. Potwierdza to wnioski przedstawione powyżej i każe przypuszczać, że zdecydowana większość funduszy w badanym okresie utrzymywało portfele zdywersyfikowane w takim stopniu, że nastąpiła niemal całkowita redukcja ryzyka specyficznego.

2.1.2. Stany Zjednoczone

System emerytalny w Stanach Zjednoczonych nie jest jednolity, lecz składa się z wielu konkurencyjnych podsystemów, w ramach których funkcjonują przede wszystkim pracownicze programy emerytalne zarządzane przez pracodawców. W ramach niniejszej pracy trudno podjąć się próby choćby szkicowego przedstawienia tej specyfiki. Z tego powodu poniżej zostanie omówiona praca badająca efektywność tylko jednego, przykładowego systemu.

Elton, Gruber i Blake[49] wskazali na możliwości bezpośredniego wykorzystania modelu Markowitza do zarządzania funduszami emerytalnymi, odnosząc go do tzw. *401(k) plan*, jednego z najpopularniejszych pracowniczych programów emerytalnych funkcjonujących w USA. W planie 401(k) istnieje możliwość wyboru alokacji aktywów przez samych ubezpieczonych spośród wskazanych przez pracodawców alternatyw w postaci różnych funduszy inwestycyjnych. Elton, Gruber i Blake sprawdzili, czy dodawanie kolejnych alternatyw prowadzi do przesunięcia krzywej portfeli efektywnych w rozumieniu Markowitza[50]. Zgodnie z teorią powinno zachodzić takie zjawisko.

Autorzy dokonali arbitralnego wyboru K indeksów (akcyjnych, obligacyjnych, złożonych z funduszy o określonym profilu inwestycyjnym itd.) z którymi porównywali stopy zwrotu poszczególnych funduszy dostępnych w ramach zbioru alternatyw. Do zbadania hipotezy o przesunięciu krzywej portfeli efektywnych użyli następującej regresji:

$$R_{it} - R_{ft} = \alpha_i + \sum_{k=1}^{K} \beta_{ki} I_{kt} + \varepsilon_{it}$$

gdzie:

- R_{it} jest stopą zwrotu funduszu i w okresie t,

[49] Elton E., Gruber M., Blake C., *Applications of Markowitz Portfolio Theory to Pension Funds Design,* [w:] Guerard J., (red.), *Handbook of Portfolio Construction: Contemporary Applications of Markowitz Techniques,* Springer Science Business Media 2010, str. 419-438.
[50] Markowitz H., *Portfolio Selection*, „The Journal of Finance", Nr 7(1)/1952 str.77-91.

- R_{ft} jest stopą zwrotu z aktywa pozbawionego ryzyka w okresie *t*,
- I_{kt} jest stopą zwrotu z indeksu *k* w okresie *t*,
- β_{ki} jest wrażliwością funduszu *i* względem indeksu *k*.

Rezultaty jakie osiągnęli autorzy wskazują, że nie występuje taka zależność – wyestymowana alfa jest średnio ujemna. Ten fakt tłumaczą niskimi umiejętnościami osób, które dokonywały wyboru zbioru alternatyw. Kierowali się oni tylko osiąganymi przez fundusze stopami zwrotu w poprzednim okresie, zastępując w zbiorze alternatyw fundusze o najniższej stopie zwrotu tymi, które osiągnęły najlepsze pod tym względem wyniki. Co niezwykle istotne, autorzy badania pokazali, że przy dodawaniu kolejnej alternatywy losowo krzywa portfeli efektywnych przesuwa się w lewo i do góry.

2.1.3. Chile

Chile jest pierwszym państwem Ameryki Łacińskiej, w którym przeprowadzono radykalną reformę systemu emerytalnego, wprowadzając część kapitałową (akcyjną), zarządzają przez prywatne przedsiębiorstwa. Chilijska reforma, przeprowadzona w 1981 roku poprzedziła podobne zmiany między innymi w Peru, Kolumbii, Argentynie, Boliwii, Meksyku, Salwadorze czy Urugwaju[51]. Jak już wspominano (por. podrozdział 1.1.2) system ten historycznie wykazywał wiele podobieństw do polskiego. Jest również uważany za klasyczny model liberalnego systemu emerytalnego, budząc wiele kontrowersji i głosów krytycznych[52].

[51] Valdes-Prieto S., *The Latin-American Expierience with Pension Reform,* "Annals of Public and Cooperative Economics", Nr 4(69)/1998, str. 483-516.
[52] Orszag P., Stiglitz J., *Rethinking Pension Reform: Ten Myths About Social Security Systems*, Wykład wygłoszony na Konferencji Banku Światowego "New Ideas About Old Age Security" w październiku 1999 r.

Hormazábal[53] zbadał efektywność chilijskiego systemu subfunduszy, wskazując na następującą zależność: im bardziej ryzykowna strategia inwestycyjna tym wyższa realna stopa zwrotu w badanym okresie. Chilijski system emerytalny od 2002 roku składa się z pięciu subfunduszy: od najbardziej ryzykownego (A) do najbardziej konserwatywnego (E). Subundusze typu A inwestują 70%-85% swoich aktywów na rynku kapitałowym, ponadto 50%-60% w zagraniczne aktywa na rynkach wschodzących. Członkowie funduszu mogą sami wybierać, do jakiego subfunduszu chcą przynależeć, ale wraz z wiekiem są stopniowo zmuszani do przechodzenia do bardziej konserwatywnych subfunduszy.

Rysunek 3. Porównanie realnych stóp zwrotu subfunduszy w chilijskim systemie emerytalnym w okresie 2002-2010.

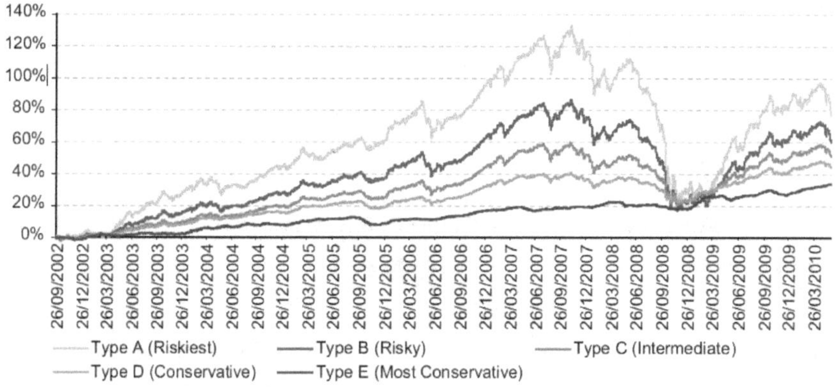

Źródło: Hormazábal S., Multi-funds in the Chilean Pension System, BBVA Working Papers, Nr 10 (28), Santiago de Chile 2010, str. 13.

Autor podkreśla, że dzięki bardzo szerokim możliwościom inwestycji na wielu zróżnicowanych rynkach, chilijskim subfunduszom udało się uniezależnić osiągane stopy zwrotu od popularnych benchmarków. Dzięki luźnym restrykcjom prawnym,

[53] Hormazábal S., *Multi-funds in the Chilean Pension System,* BBVA Working Papers, Nr 10 (28), Santiago de Chile 2010.

zarządzający wykorzystują zmianę sytuacji rynkowej i w okresie hossy zwiększają zaangażowanie w akcje, a w okresie bessy w obligacje i inne instrumenty o zdefiniowanej nominalnej stopie zwrotu.

Rysunek 4. Porównanie średnich nominalnych stóp zwrotu subfunduszy typu A i portfela składającego się w 80% z indeksu MSCI World i w 20% z Barclays Capital Aggregate Bond Index.

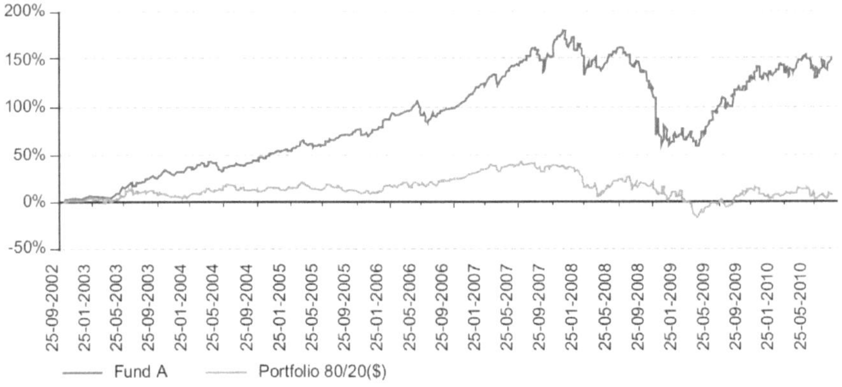

Źródło: Hormazábal S., Multi-funds in the Chilean Pension System, BBVA Working Papers, Nr 10 (28), Santiago de Chile 2010, str 21.

Należy zgłosić wątpliwości co do arbitralnie wybranych benchmarków w badaniu. Wykorzystano w nim indeks MSCI World i Barclays Capital Aggregate Bond Index. Szczególnie ten ostatni wskaźnik, obejmujący różnego rodzaju obligacje handlowane w USA, nie wydaje się być szczególnie reprezentatywny w odniesieniu do chilijskich funduszy emerytalnych. Autor badania nie przeprowadził dyskusji nad podstawowymi statystykami ryzyka takimi jak wariancja stóp zwrotu czy maksymalne obsunięcie kapitału, a to wydaje się kluczowe, oprócz zagregowanej stopy zwrotu, do oceny efektywności chilijskich funduszy emerytalnych.

2.1.4. Grecja

Grecki system emerytalny jest skonstruowany na zasadzie *pay-as-you-go* (PAYG). Polega ona na finansowaniu świadczeń wypłacanych osobom nieaktywnym zawodowo składkami płaconymi przez aktywnych zawodowo. W Grecji funduszami emerytalnymi zarządzają podmioty publiczne, jednakże celowe jest porównanie ich sytuacji z realiami, w których funkcjonują polskie OFE, gdyż prawo zezwala na inwestowanie do 23% ich aktywów w akcje. Zabronione są inwestycje kapitałowe poza granicami kraju.

Angelidis i Tessaromatis [54] zanalizowali wpływ ograniczeń prawnych na efektywność funduszy emerytalnych w Grecji biorąc pod uwagę koszty niedostatecznej dywersyfikacji, braku możliwości inwestowania poza granicami kraju oraz zbyt niskiej ekspozycji na ryzyko akcyjne.

W odniesieniu do straty wynikającej z niedostatecznej dywersyfikacji autorzy zaproponowali użycie miary opartej na wskaźniku Sharpe'a:

$$RSRL_P = 1 - \frac{S_P}{S_B}$$

gdzie:

- $RSRL_P$ jest relatywną stratą wskaźnika Sharpe'a (*Relative Sharpe Ratio Loss*) portfela funduszu emerytalnego

- S_P jest wskaźnikiem Sharpe'a dla portfela funduszu emerytalnego

- S_B jest wskaźnikiem Sharpe'a dla benchmarku odzwierciedlającego dobrze zdywersyfikowany portfel

Jako benchmarków użyto indeksu giełdy ateńskiej ASE-60 i MSCI World Equity dla części akcyjnej oraz indeksu JP Morgan Greek Government Bond Index i MSCI World Sovereign Index dla części obligacyjnej. Badaniem objęto lata 2001-2005. W okresie tym wskaźnik RSRL dla części akcyjnej wyniósł rocznie średnio

[54] Angelidis T., Tessaromatis N., *The efficiency of Greek public pension fund portfolios,* "Journal of Banking and Finance", Nr 34/2010, str. 2158-2167.

10,6% w porównaniu do indeksu ASE-60 i 43,81% w porównaniu do indeksu MSCI World Equity. Dla części obligacyjnej wyniosła ona 1,35% w odniesieniu do indeksu JPM Greek GBI i -1,53% w porównaniu do MSCI World Sovereign Index.

Tabela 8. Relatywna strata wskaźnika Sharpe'a funduszy emerytalnych w Grecji spowodowana niedostateczną dywersyfikacją.

Statystyka	Benchmark			
	Część akcyjna		Część obligacyjna	
	ASE-60	MSCI World	JPM Greek	MSCI World
Średnia	10,60%	43,81%	1,35%	-1,53%
Mediana	8,48%	42,31%	0,31%	-2,49%
Wartość zagregowana	4,96%	37,83%	0,29%	-2,46%

Źródło: opracowanie własne na podstawie: Angelidis T., Tessaromatis N., The efficiency of Greek public pension fund portfolios, "Journal of Banking and Finance", Nr 34/2010, str. 2163.

Jak wynika z tych danych, problem niedostatecznej dywersyfikacja nie dotyczy części obligacyjnej. Natomiast zjawisko to jest bardzo silne w przypadku części akcyjnej w szczególności w odniesieniu do indeksu MSCI World. Biorąc pod uwagę zagregowany portfel wszystkich badanych funduszy, relatywna strata wskaźnika Sharpe'a wynosi aż 37,83%. Autorzy podają też alternatywną miarę obliczania strat z niedostatecznej dywersyfikacji – różnicę w oczekiwanej stopie zwrotu między badanym portfelem a indeksem przyjętym jako benchmark. Według ich obliczeń, greckie fundusze emerytalne tracą każdego roku średnio 0,91 punktu procentowego z powodu niedostatecznej dywersyfikacji na rynku greckim oraz średnio aż 5,64 punktu procentowego w odniesieniu do rynku światowego. W ostatnim przypadku odpowiada to stracie wynoszącej średnio 328 milionów euro rocznie.

Autorzy zasugerowali ponadto konieczność dalszych badań między innymi nad stratami wynikającymi z zakazu stosowania krótkiej sprzedaży.

2.1.5. Wnioski

Przedstawione wyżej wybrane badania na temat efektywności funduszy emerytalnych w różnych systemach prawnych rodzą szereg wniosków ogólnych, które można odnieść do efektywności polskich OFE. Mimo różnorodności regulacji większość systemów posiada cechy wspólne, przede wszystkim ograniczenia co do inwestowania w akcje czy aktywa zagraniczne. Przykład Grecji pokazuje, że ograniczenia te prowadzą do znacznego obniżenia efektywności funduszy emerytalnych. Z kolei doświadczenia chilijskie wskazują na korzyści, jakie historycznie przyniosło inwestowanie w subfundusze charakteryzujące się najniższą awersją do ryzyka i ograniczone najmniejszą liczbą restrykcji prawnych.

Opisany w podrozdziale 2.1.2. przykład dotyczący amerykańskiego planu 401(k) sugeruje, że efektywność systemu emerytalnego jest ściśle związana z indywidualnymi decyzjami. Okazuje się, że nie prowadzą one do optymalnej alokacji aktywów. Badania dotyczące brytyjskiego rynku funduszy emerytalnych dowodzą ponadto, że zjawisko naśladownictwa indeksów szerokiego rynku jest niezwykle trudne do wyeliminowania. Rodzi to pytanie o sens prywatyzacji zarządzania składką emerytalną i ponoszenia wysokich opłat za zarządzanie aktywami przez ubezpieczonych.

Wszystkie te obserwacje powinny stać się częściami składowymi całościowej oceny efektywności polskich funduszy emerytalnych. Będą też wskazówką przy interpretacji wyników badań prezentowanych w rozdziale III.

2.2. Literatura dotycząca modelu Markowitza

W 1952 roku Henry Markowitz opublikował artykuł[55], który stał się kamieniem węgielnym teorii portfela inwestycji (*portfolio theory*), która przez następne 60 lat była intensywnie rozbudowywana i testowana na wielu rynkach finansowych. Moment ten jest często określany jako przełomowy w nauce finansów[56]. Artykuł Markowitza zapoczątkował zwiększenie zainteresowania tą dziedziną wiedzy i sprowokował szerokie badania w jej zakresie.

Teoria portfela na stałe weszła do kanonu wiedzy o finansach. Jest również przedmiotem wykładu na większości uczelni ekonomicznych na świecie. Nie sposób wobec tego przedstawić choćby w skrócie literatury dotyczącej tej dziedziny wiedzy, czy choćby samego modelu Markowitza. Poniższe opis najważniejszych źródeł wiedzy z tego zakresu ma więc z konieczności charakter fragmentaryczny. Autor niniejszej pracy uznał za celowe skupienie się przede wszystkim na prezentacji badań empirycznych wykorzystujących model Markowitza.

W zakresie korzyści płynących z dywersyfikacji warto przytoczyć badania Whitmore'a[57]. Autor ten wskazuje, że na poszczególnych rynkach poziom ryzyka możliwego do wyeliminowania (specyficznego) przy pomocy dywersyfikacji jest różny. Przykładowo dla Belgi czy Holandii (gdzie papiery wykazują niższe współczynniki korelacji) jest to odpowiednio 80,0% i 76,1%, podczas gdy w Wielkiej Brytanii 65,5%, a w Szwajcarii zaledwie 56%. Co szczególnie istotne w kontekście dyskusji nad obowiązującymi limitami inwestycji OFE za granicą portfel zdywersyfikowany na poziomie międzynarodowym pozwalał na eliminację aż 89,3% całości ryzyka (mierzonego odchyleniem standardowym portfela). Do badań tych należy jednak podchodzić z dużą ostrożnością, gdyż zostały wykonane w drugiej połowie lat '60 ubiegłego wieku, co każde przypuszczać że warunki rynkowe

---

[55] Markowitz H., *Portfolio Selection*, „The Journal of Finance", Nr 7(1)/1952

[56] Por. Jajuga K., Jajuga T., *Inwestycje*, PWN, Warszawa 2005, str. 13-14

[57] Whitmore G., *Diversification and the Reduction of Dispersion: A Note.*, "Journal of Financial and Quantitative Analysis, Nr 2/1970, str. 263-264.

diametralnie zmieniły się od tego czasu. Niemniej przyznać należy, że wskazują one dobrą metodę badań korzyści płynących z dywersyfikacji ryzyka.

W literaturze wskazuje się, że redukcja ryzyka specyficznego nie charakteryzuje się liniową zależnością z liczbą papierów w portfelu (por. rysunek 5). Już względnie niewielka liczba aktywów powoduje redukcję przeważającej części ryzyka specyficznego.

Rysunek 5. Wpływ liczby papierów wartościowych na ryzyko portfela liczone jako jego wariancja. Dane dotyczą rynku amerykańskiego (giełdy New York Stock Exchange).

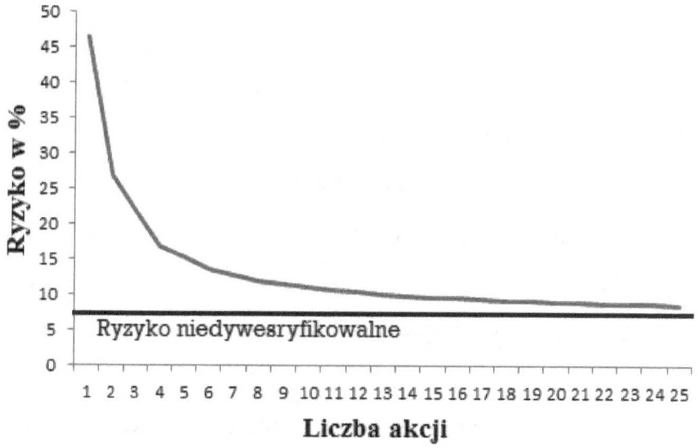

Źródło: Opracowanie własne na podstawie: Elton E., Gruber M., Nowoczesna teoria portfelowa i analiza papierów wartościowych, Wig-Press, Warszawa 1998, str. 74.

Klasyczne badania w tym zakresie przeprowadzili Evans i Archer[58]. Autorzy mierząc ryzyko odchyleniem standardowym dla szeregu czasowego doszli do wniosku, że liczbą papierów w portfelu, która prowadzi do optymalnej redukcji ryzyka specyficznego jest 10 losowo wybranych aktywów. Teza ta była często

[58] Evans J., Archer S., *Diversification and the reduction of dispersion: an empirical analysis*, Journal of Finance, Nr 23/1968, str. 761-767

krytykowana, a kolejne badania empiryczne sugerowały zwiększenie liczby papierów potrzebnych do optymalnej dywersyfikacji.

Statman[59] opisuje wpływ, jaki badania Evansa i Archera wywarły na pojęcie optymalnej dywersyfikacji jednocześnie krytykując rezultaty ich badań. Zwraca uwagę, że losowo dopierane aktywa charakteryzują się różnymi statystykami (wariancją, kowariancją z innymi papierami) i wobec tego niebezpieczne jest kategoryczne wskazanie na liczbę 10 jako optymalną ilość aktywów w portfelu. Sam twierdzi, że jest to 30-40 papierów. Najnowsze badania jeszcze zwiększają tę liczbę do 40-50, potwierdzając jednak poprawność metodologiczną modelu Evans'a i Archer'a[60]. Wszystkie te wyniki kontrastują z polityką inwestycyjną polskich OFE, które utrzymują pozycje w 70 (mniejsze OFE) do nawet 130 (większe OFE) spółkach. Rodzi to przypuszczenie, że fundusze te stoją przez problemem nadmiernej dywersyfikacji *(overdiversification* lub *superfluous diversification),* co skutkuje nadmiernym obniżeniem stopy zwrotu przy niewielkiej obniżce ryzyka. W literaturze formułuje się problem optymalnej dywersyfikacji przy pomocy marginalnej korzyści z dodania kolejnego aktywu do portfela oraz marginalnego kosztu takiego działania, które to wartości muszą być równe w punkcie wskazującym optymalną liczbę papierów. Statman[61] proponuje ujęcie tych wartości w kategoriach oczekiwanej stopy zwrotu.

Należy odnotować, że literatura dotycząca modelu Markowitza tylko sporadycznie odwołuje się do badań empirycznych, skupiając swoją uwagę na zagadnieniach teoretycznych i modelowaniu matematycznym procesów optymalizacyjnych. Co więcej, wyniki poszczególnych badań empirycznych charakteryzują się dużymi różnicami w zależności od przyjmowanych założeń, badanego rynku czy umiejscowieniu w czasie. Wydaje się, że jest to spowodowane

---

[59] Statman M., *How Many Stock Make a Diversified Portfolio?,* Journal of Financial and Quantitative Analysis, Vol. 22 No. 3/1987, str. 353-363.

[60] Benjelloun H., *Evans and Archer – forty years later,* Investment Management and Financial Innovations, Vol. 7, Issue 1/2010.

[61] Statman M., *op. cit.*, str. 354-360. Autor porównuje wyniki Vanguard Index Trust - funduszu inwestującego we wszystkie 500 papierów z indeksu S&P500 (rodzaj ETF) z portfelami mniej zdywersyfikowanymi.

cechami badanego środowiska: rynki finansowe podlegają nieustannym zmianom, różnią się między sobą stopniem rozwoju czy efektywności w rozumieniu Famy. Kształtowanie się stóp zwrotu podlega zaś procesom psychologicznym, co dodatkowo utrudnia optymalizację. Model Markowitza, podobnie jak i cała teoria portfelowa, musi więc przyjmować dość daleko upraszczające rzeczywistość założenia. Nie zmienia to jednak faktu, że z uwagi na kilka niekwestionowanych własności (jak korzyści z dywersyfikacji czy pojęcie portfela efektywnego) stanowi on narzędzie użyteczne również dla praktyków rynku, w tym także zarządzających OFE.

2.3. Badania dotyczące efektywności inwestycyjnej funduszy emerytalnych w Polsce

Ze względu na fakt, że Powszechne Towarzystwa Emerytalne są jednym z najważniejszych elementów konstrukcyjnych systemu emerytalnego w Polsce, w literaturze przedmiotu dotyczącej inwestowania zbiorowego poświęca się im sporo miejsca. Raport Komisji Nadzoru Finansowego z 2008 roku [62] podkreśla podobieństwo polskiego systemu emerytalnego do południowoamerykańskich (chilijskiego – w początkowej fazie jego rozwoju, meksykańskiego) i środkowoeuropejskich (Węgry, Czechy, Estonia)[63].

Podkreśla się, że struktura polskiego rynku usług zarządzania składką emerytalną podlega daleko idącej koncentracji[64]. Mają na to wpływ wysokie bariery wejścia na rynek i relatywnie wyższe koszty ponoszone przez małe podmioty, co sprzyja przejmowaniu ich przez większe firmy, a także korzyści skali. Czerwińska pokazuje, że liczony jako suma przychodów z opłat od składek, opłat za zarządzanie

[62] Komisja Nadzoru Finansowego, *Konkurencja na rynku OFE*, KNF, Warszawa 2008 str. 54-66.
[63] Na podobieństwo celów reform systemów emerytalnych w Europie wskazuje Żukowski M., *Reformy emerytalne w Europie – wzmacnianie ubezpieczeniowego charakteru społecznych systemów emerytalnych,* [w:] Społeczne aspekty ubezpieczenia, SGH, Warszawa 2005, str. 169-183.
[64] Por. Bielawska K., *Dziesięć lat funkcjonowania Otwartych Funduszy Emerytalnych – doświadczenia i wyzwania,* [w:] Ubezpieczenia emerytalne, społeczne i metody aktuarialne, Wydawnictwo Uniwersytetu Ekonomicznego we Wrocławiu, Wrocław 2010, str. 21-27.

aktywami oraz wynagrodzenia premiowego w stosunku do średniej wartości aktywów netto danego OFE, wskaźnik obciążenia kosztami [65] jest wyższy w przypadku członków mniejszych funduszy. Co więcej, nie istnieje statystyczny związek między wysokim współczynnikiem obciążenia kosztów a osiąganą stopą zwrotu, co prowadzi do większej konkurencyjności dużych podmiotów. Obecnie na rynku funkcjonuje 14 PTE, a 4 największe zajmują 70% rynku. Fakt ten uzmysławia jak wielką rolę w funkcjonowaniu całego rynku odgrywają największe fundusze i wzmacnia efekt „podążania za największym". Bielawska[66] zwraca uwagę na spadek rozpiętości wyników OFE – w roku 2001 różnica między najwyższą a najniższą stopą zwrotu uzyskiwaną przez OFE wynosiła 22 punkty procentowe, podczas gdy w 2009 już tylko 5,5 punktu procentowego.

Trippner[67] przeprowadził badania podobieństw struktury portfeli wszystkich OFE i czwórki największych funduszy przy wykorzystaniu wskaźnika podobieństwa struktury: im Wp, przyjmujące wartości od 0 do 1, jest bliższe jedności, tym struktury badanych zbiorowości są bardziej podobne:

$$W_p = \sum_{i=1}^{n} \min(W_{1i}, W_{2i})$$

Statystyka ta przyjmowała wartości 0,93-0,99 w okresie 1999-2008. Trippner porównał również udziały trzech kategorii lokat (akcje, papiery wartościowe, inne) w czterech największych funduszach i wszystkich pozostałych Jak się okazuje, były one bardzo podobne do siebie i wykazywały analogiczne trendy w okresie 1999-2008.

Autor badania wiąże fakt tak ścisłego związku między portfelami OFE bezpośrednio w metodzie liczenia minimalnej wymaganej stopy zwrotu. Jest ona skonstruowana w sposób, który nie neutralizuje dysproporcji między wielkością zarządzanych aktywów przez największe i najmniejsze OFE.

---

[65] Por. Czerwińska T., *Efektywność funkcjonowania powszechnych towarzystw emerytalnych w świetle wymogów ich właścicieli oraz członków otwartych funduszy emerytalnych*, [w:] Ubezpieczenia emerytalne, społeczne i metody aktuarialne, Wydawnictwo Uniwersytetu Ekonomicznego we Wrocławiu, Wrocław 2010, str. 28-36

[66] Bielawska K., *op. cit.*, str. 23.

[67] Trippner P., *Wpływ koniunktury giełdowej na strukturę portfeli lokacyjnych OFE*, [w:] *Ubezpieczenia emerytalne, społeczne i metody aktuarialne*, Wydawnictwo Uniwersytetu Ekonomicznego we Wrocławiu, Wrocław 2010, str. 159-166.

Warto przytoczyć również badania nad konkurencyjnością na rynku OFE. Pokazały one, że największy przyrost aktywów i aktywnych rachunków notują te fundusze, które prowadzą najbardziej intensywną politykę reklamową i akwizycyjną. Stopy zwrotu mają drugorzędne znaczenie przy wyborze określonego OFE. Elementem konkurencyjnym nie jest też wysokość opłat – większość PTE stosuje maksymalne dopuszczalne stawki. Przyczyną takiego stanu rzeczy jest niska świadomość i aktywność członków OFE. Efektem jest znacznie wyższy zysk samych PTE (wskaźnik ROE na poziomie 22% w samym 2008 roku) niż stopa wzrostu składek (za lata 2005-2008 zaledwie 12,6%).[68]

[68] Por. Bielawska K., *op. cit.*, str. 21-27.

ROZDZIAŁ III: Wyniki badania

3.1. Cel badania

Celem badania jest porównanie efektywności inwestycyjnej polskich funduszy emerytalnych z portfelami skonstruowanymi przy wykorzystaniu modelu portfelowego Markowitza[69] w trzech różnych wariantach (zestawach założeń). W pierwszym kroku, korzystając z danych z Giełdy Papierów Wartościowych w Warszawie, skonstruowano trzy portfele (A1-A3) odpowiadające różnym założeniom dotyczącym ryzyka i oczekiwanej stopy zwrotu (por. podrozdział 3.3.). Portfele te złożone są tylko z akcji, zostały więc porównane z częścią akcyjną funduszy emerytalnych, a więc tą częścią aktywów zarządzanych przez OFE, która jest inwestowana w akcje. W ten sposób porównano wyniki inwestycji funduszy emerytalnych w akcje z wynikami portfeli stworzonych przy użyciu prostego modelu inwestycyjnego. W drugim kroku porównano zmiany wartości jednostki rozrachunkowej OFE z portfelami składającymi się z akcji i 52-tygodniowych bonów skarbowych (portfele B1-B3). Ponieważ jednostka rozrachunkowa odzwierciedla udział ubezpieczonego w aktywach funduszu emerytalnego, ta część badania porównuje wynik inwestycyjny OFE z punktu widzenia jego członka z prostymi portfelami złożonymi z akcji i bezpiecznych papierów. Pozwoliło to na dokonanie oceny efektywności polskich funduszy emerytalnych przyjmując za punkt odniesienia samych ubezpieczonych.

W badaniu wykorzystano oprogramowanie Microsoft Excel 2010.

3.2. Dane

Użyte w badaniu dane dotyczące stóp zwrotów z akcji poszczególnych spółek pochodzą ze strony internetowej www.stooq.pl. Uwzględniają one splity, prawa

[69] Por. Markowitz H., *op. cit,* str 77-91.

poboru, wypłacone dywidendy i inne operacje wpływające na zmianę kursu akcji. Badaniem objęto okres od stycznia 2004 roku do grudnia 2010 zakładając rewizję składu portfela co kwartał. Przy obliczaniu wartości statystycznych (macierzy wariancji-kowariancji oraz średniej stopy zwrotu) przyjęto okres jednego roku wstecz co odpowiada około 250 dniom sesyjnym. Za okres podstawowy przyjęto jedną sesję. Dla obliczeń wyników portfela za poszczególne kwartały użyto ceny otwarcia na pierwszej i ceny zamknięcia na ostatniej sesji w danym kwartale. Rentowności 52-tygodniowych bonów skarbowych w poszczególnych kwartałach pochodzą ze strony internetowej www.bizzone.pl.

Dane użyte do wyznaczenia kwartalnych stóp zwrotu z aktywów akcyjnych poszczególnych OFE pochodzą z biuletynów kwartalnych publikowanych przez KNF[70]. Stopa zwrotu w okresie *i* została obliczona w następujący sposób:

$$Stopa\ zwrotu_i = \frac{niezrealizowany\ i\ zrealizowany\ zysk\ (strata) z\ inwestycji_i}{wskaźnik\ zaangażowania_i * aktywa\ zarządzane\ przez\ fundusz_i}$$

gdzie:

- $wskaźnik\ zaangażowania_i$ – procent aktywów funduszu zainwestowanych w akcje w okresie *i*

Do określenia kwartalnej stopy zwrotu funduszy emerytalnych bez podziału na część akcyjną i obligacyjną, wykorzystano procentową zmianę wartości jednostek rozrachunkowej obliczoną na podstawie kwartalnych biuletynów KNF.

3.3. Konstrukcja modeli

Badaniem objęto spółki, które wchodziły w skład indeksu WIG20[71] w badanym okresie. W przypadku, gdy zakres danych dotyczących danej spółki nie pozwalał na

[70] http://www.knf.gov.pl/opracowania/rynek_emerytalny/dane_o_rynku/rynek_ofe/Dane_kwartalne/dane_kwartalne.html

wyliczenie wartości statystycznych (na przykład okres notowania spółki był krótszy niż 1 rok), spółkę tę zastąpiono spółką mającą największy udział w indeksie mWIG40. Przy porównywaniu wyników inwestycyjnych OFE i prostych modeli zastosowanych w badaniu, należy pamiętać, że dobór badanych spółek został dokonany na podstawie bardzo prostych kryteriów i z pewnością wpłynął ujemnie na ostateczny wynik.

W celu redukcji ryzyka specyficznego[72] we wszystkich modelach przyjęto, że udział każdej spółki w portfelu nie może przekroczyć 15%. W żadnym z modeli nie uwzględniono krótkiej sprzedaży akcji ani lewarowania pozycji za pomocą długu, co odpowiada przepisom OFEU.

Choć pionierem myślenia o decyzjach inwestycyjnych, zarówno podmiotów indywidualnych, jak i instytucjonalnych, w kategoriach oczekiwanej stopy zwrotu oraz ryzyka tego podejścia był włoski matematyk Bruno de Finetti[73], osiągnięciem Markowitza było jego rozwinięcie i spopularyzowanie. Markowitz definiował ryzyko jako wariancję oczekiwanej stopy zwrotu[74], choć możliwe jest również inne podejście do tego zagadnienia. Niektórzy autorzy sugerują, że dla polskiego rynku akcyjnego, ze względu na asymetryczne rozkłady stóp zwrotu bardziej odpowiednią miarą jest semiodchylenie standardowe, uwzględniające tylko ujemne odchylenia od średniej[75]. Problem pojawia się również przy wyznaczaniu oczekiwanej stopy zwrotu. Trzeba podkreślić, że średnia arytmetyczna z określonej n-elementowej próby składającej się z następujących po sobie obserwacji, nie jest estymatorem nieobciążonym, gdyż założenie o losowości próby (niezależności obserwacji) nie jest spełnione dla stóp zwrotu z aktywa finansowego. Jest to jednak estymator powszechnie

---

[71] Rekonstrukcje historycznych składów indeksów WIG20 i mWIG40 dokonano na podstawie strony internetowej Giełdy Papierów Wartościowych: http://www.gpw.pl

[72] Por. Jajuga K., Jajuga T. *op. cit.*, str. 121-167.

[73] Por. Pressacco F., Serafini P., *The origins of the mean-variance approach in finance: revisiting de Finetti 65 years later,* "Decisions in Economics and Finance", Vol. 30 Issue 1/1970, str. 19-49.

[74] Markowitz H., *op. cit.*, str. 89. Zastąpienie wariancji odchyleniem standardowym lub współczynnikiem dyspersji nie zmienia wniosków.

[75] por. Cwynar W., *Zmienność – dobra czy zła? Analiza polskiego rynku kapitałowego,* „e-Finanse", Vol. 6 Nr 2, Rzeszów 2010, str. 16-25. Idea zastąpienia wariancji semiwariancją pochodzi zresztą od samego Markowitza (por. Markowitz H., *Foundations of the Portfolio Theory,* „The Journal of Finance", Vol. XLVI, Nr 2/1991 str. 476.)

wykorzystywany, wobec czego również w niniejszej pracy będzie on używany, podobnie jak wariancja (odchylenie standardowe). W oparciu o założenie, że inwestor przy podejmowaniu decyzji inwestycyjnej kieruje się tak zdefiniowanymi czynnikami, w nauce finansów rozwinęło się podejście określane jako *mean-variance theory*. Mimo, że wielokrotnie poddana krytyce ze względu na nierealistyczność, teoria wciąż jest najczęściej stosowana w praktyce z następujących powodów:

- upraszcza i tak mocno skomplikowane obliczenia
- jest intuicyjnie łatwa do zaakceptowania
- jest najlepiej rozwinięta i szeroko znana[76]

Będziemy się nią posługiwać również w niniejszej pracy. Wariancja może być zastąpiona odchyleniem standardowym ze względu na lepszą prezentację wyników.

Jedną z najważniejszych implikacji modelu Markowitza są korzyści z dywersyfikacji portfela. Bez względu na wartość współczynnika korelacji, dywersyfikacja portfela pomiędzy papiery A i B nigdy nie prowadzi do wzrostu ryzyka przy jednoczesnym spadku oczekiwanej stopy zwrotu[77]. Ta sama reguła ma zastosowanie w przypadku portfela składającego się z większej niż 2 liczby papierów. Co więcej, w wielu przypadkach dywersyfikacja powoduje jednoczesny wzrost oczekiwanej stopy zwrotu i spadek ryzyka.

Ta obserwacja posłużyła Markowitzowi do zdefiniowania pojęcia krzywej portfeli efektywnych. Portfel efektywny to taki, który przy zadanej oczekiwanej stopie zwrotu minimalizuje ryzyko. Racjonalny inwestor, to jest taki, który preferuje wyższą stopę zwrotu i niższe ryzyko, będzie wybierał tylko portfele efektywne, a więc takie, które są zdywersyfikowane (o ile współczynnik korelacji jest mniejszy od jedności). Rysunek 6 przedstawia krzywe portfeli efektywnych dla różnych współczynników korelacji pomiędzy papierami A i B i uwidacznia korzyści płynące z dywersyfikacji portfela.

---

[76] Por. Elton E., Gruber M., *Modern portfolio theory, 1950 to date*, „Journal of Banking and Finance", Nr 21/1997, str. 1745.
[77] Markowitz H., *op. cit.*, str. 77.

Elton i Gruber[78] podkreślają, że jedną z kluczowych zmiennych wejściowych w modelu Markowitza jest ustalenie okresu dla którego będą liczone wartości statystyczne. Jednocześnie zauważają, że brak badań w zakresie optymalizacji tych zmiennych. Wydaje się, że powinny one zależeć od indywidualnych preferencji inwestora i przyjętego horyzontu inwestycyjnego.

Rysunek 6. Krzywe portfeli efektywnych w zależności od różnych współczynników korelacji między papierami A i B według modelu Markowitza.

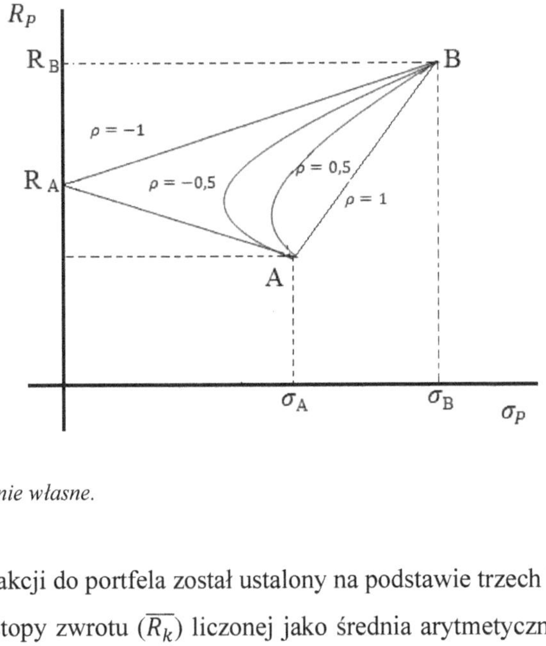

Źródło: opracowanie własne.

Udział k-tej akcji do portfela został ustalony na podstawie trzech kryteriów[79]:

- oczekiwanej stopy zwrotu ($\overline{R_k}$) liczonej jako średnia arytmetyczna dziennych stóp zwrotu z rocznego (n = 250) okresu poprzedzające moment wyboru składu portfela

$$\overline{R_k} = \frac{1}{n}\sum_{i=1}^{n} R_i$$

[78] Elton E., Gruber M., *op. cit.* str. 1745,

[79] Wzory używane w podrozdziale 3.3. zostały podane za: Piasecki K., *Modele matematyki finansowej*, PWN, Warszawa 2007, str. 244-251

- ryzyka (Var_{R_k}) mierzonego jako wariancja dziennych stóp zwrotu z takiego samego okresu

$$Var_{R_k} = \frac{1}{n}\sum_{i=1}^{n}(R_i - \overline{R_k})^2$$

- kowariancji stóp zwrotu każdej pary (k,j) badanych akcji ($Cov_{k,j}$ gdzie k≠j)

$$Cov_{k,j} = \frac{1}{n}\sum_{i=1}^{n}(R_{ki} - \overline{R_k})(R_{ji} - \overline{R_j})$$

Mając tak obliczone wartości, stworzono macierz wariancji-kowariancji (M) dla 20 akcji. Ponieważ z definicji $Cov_{k,j} = Cov_{j,k}$, macierz ta jest macierzą symetryczną.

$$M = \begin{bmatrix} Var_1 & Cov_{1,2} & \cdots & Cov_{1,20} \\ Cov_{2,1} & Var_2 & \cdots & Cov_{2,20} \\ \vdots & \vdots & \ddots & \vdots \\ Cov_{20,1} & Cov_{20,2} & \cdots & Var_{20} \end{bmatrix}$$

Oczekiwana stopa zwrotu oraz wariancja została również obliczona na poziomie całego portfela (R_P oraz Var_P).

$$R_P = \sum_{x=1}^{20} w_x\overline{R_x}$$

$$Var_P = \sum_{x=1}^{20} {w_x}^2{Var_x}^2 + 2\sum_{x=1}^{19}\sum_{y=x+1}^{20} w_x w_y Var_x Var_y \rho_{x,y}$$

gdzie:

- w_x waga (udział) akcji x w portfelu; $\sum_{x=1}^{20} w_x = 1;\ \ w_x > 0\ dla\ x = 1,2,\ldots,n$

- $\rho_{x,y}$ to współczynnik korelacji stóp zwrotu akcji x i y; $\rho_{x,y} = \frac{Cov_{x,y}}{\sqrt{Var_x}\sqrt{Var_y}}$

lub równoważnie:

$$Var_P = \vec{w}^T M \vec{w}$$

gdzie:

- $\vec{w} = \begin{bmatrix} w_1 \\ \vdots \\ w_{20} \end{bmatrix}$

Wobec tego można każdemu portfelowi przypisać dwie charakteryzujące go wartości: oczekiwaną stopę zwrotu oraz wariancję. Założono, że z dwóch portfeli (A i B) mających taką samą wariancję, lepszy jest zawsze portfel charakteryzujący się wyższą oczekiwaną stopą zwrotu, a z dwóch portfeli (C i D) mających taką samą oczekiwaną stopą zwrotu lepszy jest portfel charakteryzujący się niższą wariancją. Problem optymalizacyjny sprowadza się więc do takiego doboru wag, aby dla zadanej stopy zwrotu wariancja była jak najniższa, lub dla zadanej wariancji stopa zwrotu była jak najwyższa. Tak zdefiniowane portfele są portfelami efektywnymi w rozumieniu Markowitza.

Badanie dotyczące części akcyjnej przeprowadzono w oparciu o trzy różne zestawy założeń:

Model A1: Skład portfela (wartość wag) obliczono przyjmując, że odchylenie standardowe portfela ma być nie większe niż 0,01 i maksymalizując stopę zwrotu portfela. Jeżeli odchylenia standardowego portfela nie dało się obniżyć do wymaganego poziomu, użyto najniższego możliwego odchylenia standardowego. Model ten zakłada więc redukcję ryzyka kosztem niższej oczekiwanej stopy zwrotu, co odpowiada polityce inwestycyjnej OFE i założeniom konstruktorów reformy emerytalnej z 1999 roku.

Problem optymalizacyjny w tym modelu jest następujący:

$$\begin{cases} R_P \rightarrow max \\ \vec{w}^T M \vec{w} \leq 0{,}0001 \\ \sum_{x=1}^{20} w_x = 1; \\ 0{,}15 > w_x > 0 \; dla \; x = 1,2,\dots,n \end{cases}$$

Model A2: Skład portfela obliczono przyjmując, że oczekiwana stopa zwrotu ma być większa niż 0,001 i minimalizując odchylenie standardowe portfela. W przypadku, gdy poziom oczekiwanej stopy zwrotu był niższy niż 0,001, użyto najwyższej możliwej stopy. Model ten kładzie nacisk na stabilne stopy zwrotu w poszczególnych okresach, dopuszczając względnie wyższe ryzyko (w porównaniu z modelem A1). W przypadku tym problem optymalizacyjny jest następujący:

$$\begin{cases} \vec{w}^T M \vec{w} \rightarrow min \\ R_P \geq 0{,}001 \\ \sum_{x=1}^{20} w_x = 1; \\ 0{,}15 > w_x > 0 \; dla \; x = 1,2,\dots,n \end{cases}$$

Model A3: Klasyczny model Markowitza nie odpowiada na pytanie, który punkt na krzywej portfeli efektywnych wybrać, uzależniając to od indywidualnych preferencji inwestora. Poprzednie modele zakładają pewien arbitralny poziom akceptowalnego ryzyka (model A1) lub minimalnej akceptowalnej stopy zwrotu (model A2), narażając się na zarzut przyjęcia preferencji, które nie odpowiadają preferencjom zarządzających funduszami emerytalnymi. W Modelu A3 podjęto próbę obiektywnego wyboru portfela znajdującego się na krzywej portfeli efektywnych w rozumieniu Markowitza, w oparciu o stopę wolną od ryzyka (w badaniu przyjęto, że odpowiada ona rentowności 52-tygodniowych bonów skarbowych). W Modelu A3 udziały zostały mianowicie wyznaczone przy pomocy metody Capital Market Line i tzw. *The Separation Theorem* sformułowanym przez Tobina: „Jeśli istnieje instrument dłużny, to dowolny portfel efektywny jest replikowany przez kombinację tego instrumentu i portfela rynkowego”[80].

Rysunek 7 przedstawia sposób wyznaczania portfela rynkowego charakteryzującego się oczekiwaną stopą zwrotu równą R_M oraz odchyleniem standardowym (pierwiastkiem wariancji) równym σ_M. W modelu A3 wagi zostały tak dobrane, aby przy zadanej oczekiwanej stopie zwrotu R_M, odchylenie standardowe portfela było jak najniższe. Portfel rynkowy wyznacza punkt styczności półprostej poprowadzonej z punktu R_f odpowiadającego stopie zwrotu z aktywów wolnych od

[80] Tobin J., *Liquidity preference as behavior toward risk*, "Review of Economic Studies" Nr 67/1958, str. 65-85. Treść przytoczona za: Piasecki K., *op. cit.*, str. 248.

ryzyka oraz krzywej portfeli efektywnych w sensie Markowitza. Stopa zwrotu R_M jest jednoznacznie wyznaczana za pomocą wzoru[81]:

$$R_M = \frac{(\vec{\mathbf{1}}R_f - \vec{R})^T[M^{-1}]\vec{R}}{(\vec{\mathbf{1}}R_f - \vec{R})^T[M^{-1}]\vec{\mathbf{1}}}$$

gdzie:

- $\vec{\mathbf{1}} = \begin{bmatrix} 1 \\ \vdots \\ 1 \end{bmatrix}_{1x20}$
- $\vec{R} = \begin{bmatrix} R_1 \\ \vdots \\ R_{20} \end{bmatrix}$

Rysunek 7. Wyznaczanie portfela rynkowego przy pomocy metody CML.

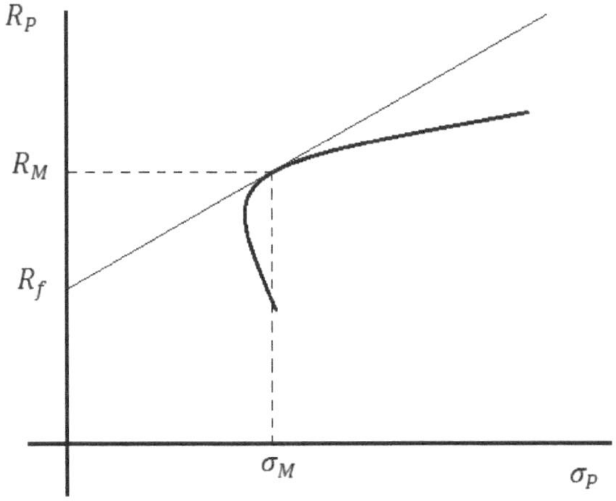

Źródło: opracowanie własne

[81] Por. Piasecki K., *op. cit.*, str. 248.

Wobec tego problem optymalizacyjny w modelu A3 jest następujący:

$$\begin{cases} \vec{w}^T M \vec{w} \to min \\ R_P = R_M = \dfrac{(\vec{\mathbf{1}}R_f - \vec{R})^T [M^{-1}] \vec{R}}{(\vec{\mathbf{1}}R_f - \vec{R})^T [M^{-1}] \vec{\mathbf{1}}} \\ \sum_{x=1}^{20} w_x = 1; \\ 0{,}15 > w_x > 0 \; dla \; x = 1,2,\ldots,n \end{cases}$$

Modele A1-A3 stały się również podstawą konstrukcji modeli B1-B3, wykorzystanych przy konstrukcji portfeli porównywanych z jednostką rozrachunkową funduszy emerytalnych. Stopa zwrotu modelu B1 w kwartale *i*, została obliczona w następujący sposób:

$$stopa\ zwrotu_i = 0{,}4 * R_A + 0{,}6 * R_B$$

gdzie:

- R_A to stopa zwrotu z portfela skonstruowanego przy pomocy modelu A1 w kwartale *i*

- R_B to kwartalna stopa zwrotu z 52-tygodniowych bonów skarbowych w kwartale *i* obliczona na podstawie rocznej rentowności 52-tygodniowych bonów skarbowych na pierwszej aukcji przeprowadzonej w kwartale *i*

Stopy zwrotu z modeli B2 i B3 zostały obliczone w analogiczny sposób, zakładający alokację 40% aktywów w akcje i 60% w papiery wolne od ryzyka (52-tygodniowe bony skarbowe).

Stopy zwrotu z portfeli, do konstrukcji których użyto modeli B1-B3, zostały w każdym kwartale zmniejszone o 1 punkt procentowy z uwagi na koszty transakcyjne.

OFE zarządzają relatywnie dużymi aktywami, co utrudnia im optymalizację momentu wejścia na rynek i wyjścia z niego. Duży fundusz może nawet samodzielnie zmienić relacje cenowe na rynku W związku z tym, istotne wydaje się uwzględnienie przede wszystkim kosztów płynności, jakie muszą ponosić OFE w związku z zajmowaniem bądź zamykaniem pozycji na rynku.

Stopy zwrotu z części akcyjnej OFE nie uwzględniają kosztów ponoszonych przez członków funduszu w postaci opłat za zarządzanie. Oceniając efektywność inwestycyjną funduszu z punktu widzenia ubezpieczonego, należy wziąć to pod uwagę. Natomiast w przypadku zmian wartości jednostki rozrachunkowej, opłaty za zarządzanie są uwzględnione przy obliczaniu stopy zwrotu. W modelach A1-A3 oraz B1-B3 nie uwzględniono opłat za zarządzanie. We wszystkich przypadkach wynik jest niezależny od prowizji od składki, z uwagi na fakt, że jest ona pobierana *ex ante,* a więc przed decyzją o alokacji aktywów.

Przy wyznaczaniu stóp zwrotu modeli A1-A3, B1-B3 oraz przy obliczaniu stóp zwrotu z części akcyjnej funduszy emerytalnych nie uwzględniono wypłacanych przez spółki dywidend. Natomiast zmiany wartości jednostek rozrachunkowych, będących odzwierciedleniem udziału członka funduszu w jego aktywach netto, uwzględniają wpływy z tytułu dywidend. To powoduje względne polepszenie wyników inwestycyjnych OFE w porównaniu do użytych w badaniu modeli.

3.4. Wyniki

3.4.1. Modele A1-A3

Model A1 wypracował w badanym okresie stopę zwrotu równą 190%, model A2 86%, a model A3 179%. Na wynikach negatywnie zaważył przede wszystkim okres światowego kryzysu finansowego, który odbił się negatywnie również na kursach spółek warszawskiej GPW. Wszystkie wyselekcjonowane do portfela spółki traciły w tym okresie na wartości, co tłumaczy bardzo duże obsunięcie kapitału w okresie lipiec 2007 – marzec 2009. Uwidacznia to słabość testowanych modeli polegającą na ograniczeniu możliwych inwestycji tylko do 20 spółek.

Model A1 oraz A3 prowadziły do wyboru większej niż model A2 ilości spółek (mniejszej ilości spółek przypisywały wagę równą zero). Można z tego wnioskować, że jedną z przyczyn znacznie słabszego wyniku modelu A2 była niedostateczna dywersyfikacja. Wynik modelu A2 sugeruje też, że założeniem prowadzącym do wyższych stóp zwrotu jest ograniczenie ryzyka (model A1) a nie utrzymywanie zadanej stopy zwrotu (model A2).

Rysunek 8. Porównanie wyników inwestycyjnych modeli A1-A3. Wartość 1 odpowiada stanowi początkowemu portfela.

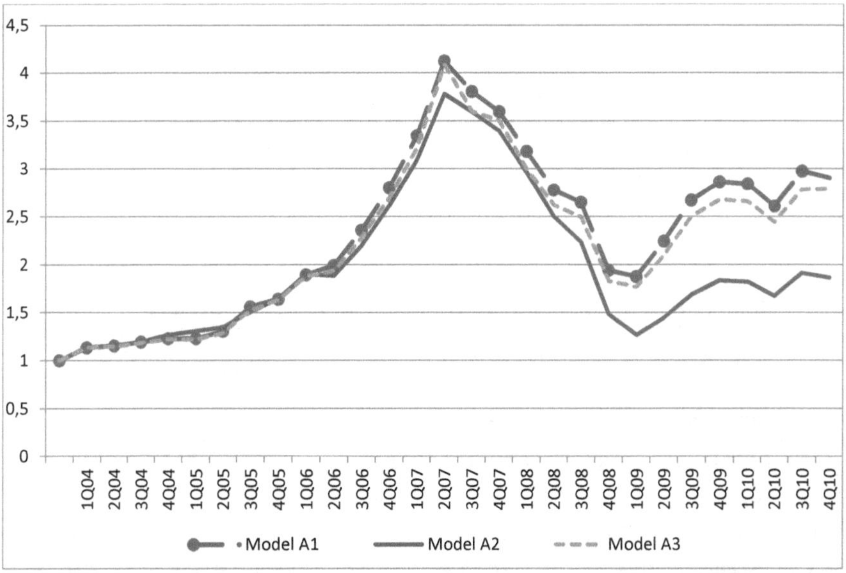

Rysunek przedstawia wyniki inwestycyjne następujących modeli: modelu zakładającego stały poziom odchylenia standardowego portfela (model A1), modelu zakładającego stały poziom oczekiwanej stopy zwrotu (model 2a), modelu którego wariancję wyznaczono za pomocą modelu CML (model 3a)

Źródło: opracowanie własne.

Rysunek 9 przedstawia porównanie wyników uzyskanych przy zastosowaniu modelu A1 z wynikami: najlepszego, największego i najmniejszego pod względem wartości zarządzanych aktywów OFE, skumulowanych wyników OFE oraz portfela równoważonego WIG 20.

Rysunek 9. Porównanie wyników inwestycyjnych modeli A1-A3, funduszy emerytalnych portfela równoważonego WIG 20 w okresie 2004-2010.

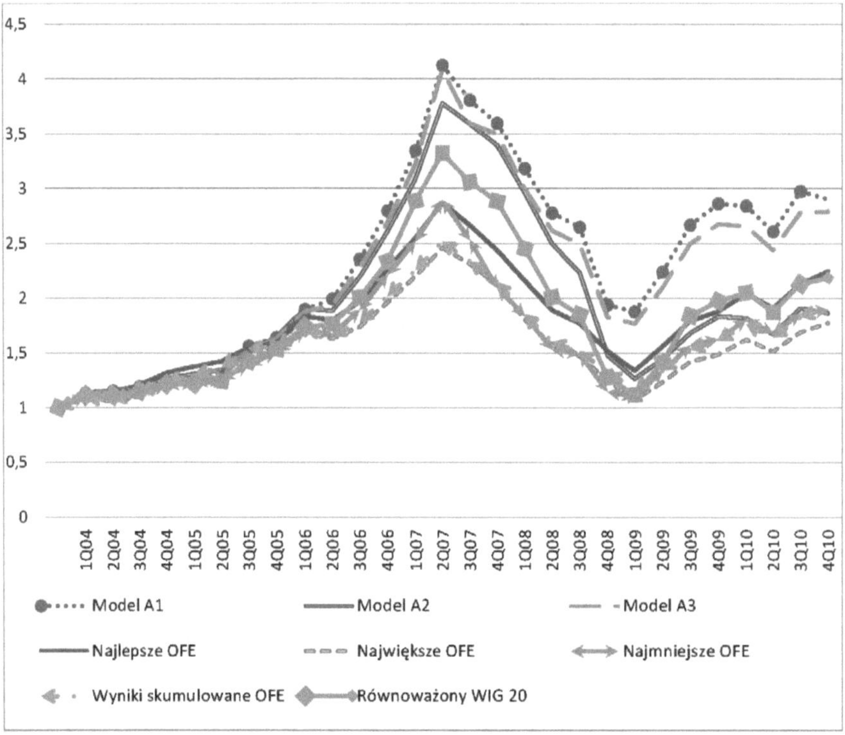

Rysunek przedstawia wyniki inwestycyjne następujących modeli: modelu zakładającego stały poziom odchylenia standardowego portfela (model A1), modelu zakładającego stały poziom oczekiwanej stopy zwrotu (model A2), modelu którego wariancję wyznaczono za pomocą modelu CML (model A3), najlepszego OFE pod względem skumulowanej stopy zwrotu w okresie 2004-2010, portfela aktywów wszystkich OFE łącznie (skumulowane wyniki OFE), najmniejszego i największego pod względem średniej, kwartalnej wartości aktywów netto OFE, portfela

składającego się w równych wagach z akcji spółek wchodzących w skład WIG20 (równoważony WIG20), a także indeksu WIG20 i WIG.
Źródło: opracowanie własne na podstawie biuletynów kwartalnych rynku OFE Komisji Nadzoru Finansowego.

Portfel równoważonego WIG 20 (w literaturze przedmiotu często określany jako strategia naiwna [*naive diversification*]) zawierał 20 wyselekcjonowanych do badania spółek przy udziałach 1/20 dla każdej z nich.

Skumulowane wyniki OFE zostały obliczone jako stosunek skumulowanego/jej zysku/straty inwestycyjnego/nej w odniesieniu do wszystkich aktywów zarządzanych przez OFE w danym kwartale. Wszystkie wyniki w odniesieniu do funduszy emerytalnych zostały obliczone tylko dla części akcyjnej na podstawie zrealizowanego i niezrealizowanego zysku z posiadanych akcji (z wyłączeniem odsetek, oprocentowania rachunków i innych przychodów operacyjnych). Nie uwzględniono w obliczeniach kosztów działalności operacyjnej.

Jak wynika z rysunku 9, w okresie 2004-2006 wyniki modeli A1-A3 i poszczególnych OFE (zwłaszcza najlepszego OFE pod względem skumulowanej stopy zwrotu) nie odbiegały zbytnio od siebie. Mogłoby to skłaniać do wysunięcia hipotezy, że w miarę wzrostu wartości zarządzanych przez OFE aktywów zmniejszała się efektywność ich alokacji. Wynik najmniejszego OFE zdaje się wspierać tą hipotezę – jest on przez większość badanego okresu lepszy zarówno od wyniku najlepsze OFE jak i skumulowanych wyników OFE. Znaczne pogorszenie wyników najmniejszego OFE w okresie 2 kwartał 2007 – 4 kwartał 2008 spowodowało jednak, że ostateczna stopa zwrotu była bardzo podobna do skumulowanego wyniku OFE i nieznacznie tylko lepsza od wyniku największego OFE.

Poprzez większość analizowanego okresu linia pokazująca skumulowaną stopę zwrotu z modeli A1 i A3 znajduje się nad liniami pokazującymi skumulowaną stopę zwrotu z poszczególnych OFE. Biorąc pod uwagę ten fakt, można wywnioskować, że prezentowane modele osiąga lepsze wyniki niż najlepszy spośród wszystkich OFE.

Co ciekawe, najprostszy portfel równoważonego WIG 20 osiągnął wyniki bardzo zbliżone do skumulowanych wyników OFE, a znacząco przewyższył wyniki największego i najmniejszego OFE. Prowadzi to do wysuwania wątpliwości co do efektywności zarządzania aktywami przez OFE.

Tabela 9 prezentuje zestawienie stóp zwrotu w kolejnych kwartałach z poszczególnych portfeli. Znaczna różnica między wynikami portfela równoważonego WIG 20 a samym indeksem WIG 20 wynikają z faktu, że WIG 20 jest średnią ważoną spółek wchodzących w jego skład. Portfel równoważonego WIG 20 charakteryzował się wyższą stopą zwrotu ale i wyższym odchyleniem standardowym tej stopy.

Wynik modelu A1 był w 18 kwartałach lepszy niż wynik najlepszego OFE, a w 10 kwartałach gorszy. Model był też lepszy od skumulowanych wyników OFE w 20 przypadkach (gorszy w 8 kwartałach). Oznacza to, że na lepsze ostateczne wyniki modelu A1 nie wpłynęły tylko wyniki z pojedynczych kwartałów, a jego przewaga nad portfelami OFE była stabilna w całym okresie objętym badaniem.

Tabela 9. Porównanie kwartalnych stóp zwrotu modeli A1-A3, funduszy emerytalnych, indeksów WIG, WIG20 oraz portfela równoważonego WIG20.

	Model A1	Model A2	Model A3	Najlepszy OFE	Skumul. wyniki OFE	Równo-ważony WIG20	WIG 20	WIG
2004	13,4%	13,78%	13,30%	11,0%	9,2%	11,2%	11,78%	14,49%
	1,6%	1,57%	1,03%	1,7%	-1,9%	-0,1%	-2,02%	0,33%
	3,4%	3,36%	3,21%	7,1%	5,3%	3,7%	4,65%	5,51%
	3,0%	5,88%	3,20%	8,9%	9,6%	5,3%	8,49%	5,42%
2005	0,1%	3,27%	0,10%	4,5%	5,2%	0,4%	1,93%	2,37%
	6,2%	2,95%	5,22%	3,6%	5,3%	2,0%	2,45%	3,90%
	19,6%	11,92%	18,64%	8,6%	12,5%	14,8%	23,03%	19,30%
	5,2%	9,48%	7,12%	3,0%	1,2%	7,8%	5,41%	5,32%
2006	15,4%	15,43%	15,03%	15,0%	10,2%	13,1%	7,91%	12,98%
	5,2%	-0,87%	3,11%	-1,9%	-3,4%	1,5%	0,87%	1,05%

	18,3%	16,42%	17,64%	9,4%	7,3%	13,8%	1,01%	8,38%
	18,7%	19,07%	18,31%	15,1%	13,5%	16,5%	12,56%	14,44%
2007	19,5%	18,20%	19,53%	12,6%	11,9%	23,5%	7,15%	14,11%
	23,3%	22,32%	26,75%	12,5%	11,5%	15,0%	6,79%	14,87%
	-7,7%	-4,88%	-11,89%	-7,2%	-7,3%	-7,9%	-3,34%	-8,64%
	-5,5%	-5,52%	-2,74%	-8,5%	-8,2%	-5,8%	-4,89%	-7,82%
2008	-11,5%	-12,79%	-14,21%	-11,5%	-13,5%	-14,9%	-13,74%	-13,72%
	-12,7%	-15,55%	-12,73%	-12,5%	-13,6%	-18,1%	-13,08%	-14,30%
	-4,7%	-10,58%	-4,70%	-6,3%	-5,4%	-8,0%	-7,98%	-9,18%
	-26,8%	-33,72%	-26,75%	-14,0%	-12,2%	-31,0%	-24,93%	-27,13%
2009	-3,2%	-14,74%	-3,24%	-12,0%	-12,6%	-12,3%	-15,53%	-11,72%
	19,5%	14,39%	18,57%	16,7%	15,0%	26,9%	23,18%	26,56%
	19,1%	16,41%	19,05%	14,6%	14,8%	29,7%	17,72%	23,54%
	7,2%	8,99%	7,22%	4,9%	4,7%	7,3%	8,96%	6,40%
2010	-0,7%	-0,73%	-0,73%	8,7%	9,6%	3,8%	4,47%	6,15%
	-8,2%	-8,22%	-8,22%	-6,5%	-6,9%	-8,7%	-9,00%	-7,19%
	14,1%	14,33%	14,11%	11,6%	11,6%	13,8%	15,16%	14,84%
	-2,4%	-2,42%	0,26%	5,5%	4,5%	2,5%	4,93%	4,98%
skumulowana stopa zwrotu	190,56%	86,42%	179,05%	124,59%	91,53%	118,39%	74,09%	127,82%
średnia kwartalna stopa zwrotu	4,62%	3,13%	4,51%	3,38%	2,78%	3,78%	2,64%	3,76%
odchylenie stand.	12,36%	13,16%	12,65%	9,62%	9,46%	13,93%	11,45%	12,60%

W tabeli przedstawiono kwartalne stopy zwrotu modelu zakładającego stały poziom odchylenia standardowego portfela (model A1), modelu zakładającego stały poziom oczekiwanej stopy zwrotu (model A2), modelu którego wariancję wyznaczono za pomocą modelu CML (model A3), najlepszego OFE pod względem skumulowanej stopy zwrotu z części akcyjnej w okresie 2004-2010, portfela aktywów wszystkich OFE łącznie (skumulowane wyniki OFE), modelu zakładającego inwestowanie w portfel składający się ze spółek WIG20 przy równych wagach (równoważony WIG 20), a także indeksu WIG20 i WIG.

Źródło: opracowanie własne na podstawie biuletynów kwartalnych rynku OFE Komisji Nadzoru Finansowego, www.stooq.pl

Znacznie gorzej wypada najsłabszy z testowanych modeli opartych na teorii Markowitza, model A2. Był on lepszy w 14 kwartałach, a gorszy w pozostałych 14 od wyników najlepszego OFE. Skłania to do wniosku, że utrzymywanie za wszelką cenę stabilnej oczekiwanej stopy zwrotu w kolejnych kwartałach nie przynosi dobrych rezultatów i lepiej skupić się na kontrolowaniu poziomu wariancji, jak uczyniono to w modelu A1.

Jeżeli ryzyko definiowalibyśmy jedynie przy pomocy odchylenia standardowego, musielibyśmy przyznać, że modele A1-A3 charakteryzują się relatywnie wyższym ryzykiem niż portfele OFE.

Rysunek 10. Relacja zysku i ryzyka mierzonego jako odchylenie standardowe portfela w okresie 2004-2010.

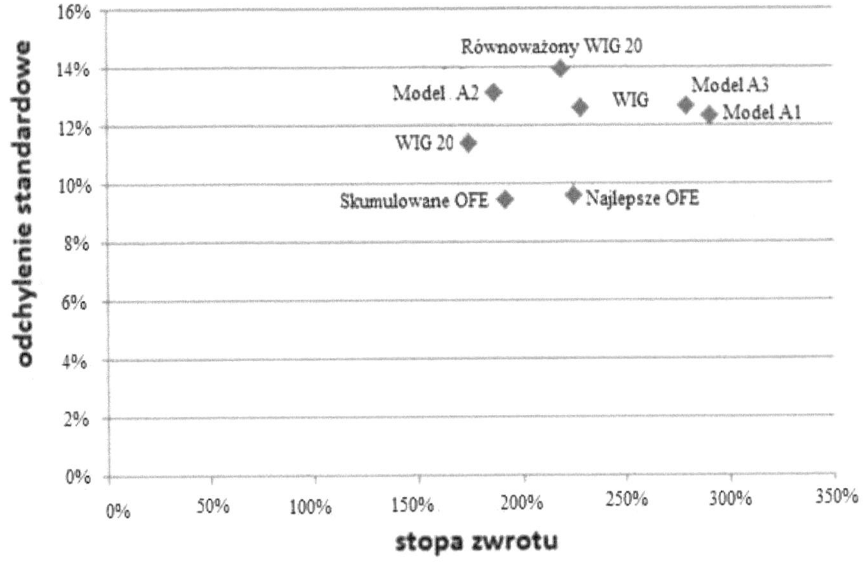

Rysunek przedstawia relację skumulowanej stopy zwrotu i odchylenia standardowego w okresie 2004-2010 dla portfeli skonstruowanych w oparciu o następujące modele: model zakładający stały poziom odchylenia standardowego portfela (model A1), model zakładający stały poziom oczekiwanej stopy zwrotu (model A2), model którego wariancję wyznaczono za pomocą modelu CML (model A3), najlepszego OFE pod względem skumulowanej stopy zwrotu w okresie 2004-2010, portfela aktywów wszystkich OFE łącznie (skumulowane OFE), model zakładający inwestowanie w portfel składający się ze spółek WIG20 przy równych wagach (równoważony WIG20), a także indeksu WIG20 i WIG.

Źródło: opracowanie własne na podstawie biuletynów kwartalnych rynku OFE Komisji Nadzoru Finansowego, www.stooq.pl

Inne statystyki ryzyka nie wskazują już na taką słabość modeli wykorzystujących teorię Markowitza. Największe obsunięcie kapitału (*maximum drawdown*) dla modelu A1, A2 i A3 to odpowiednio 54,5%, 66,13% i 56,04%. Ta sama wartość dla najlepszego OFE to 53,37%. Maksymalna liczba kolejnych kwartałów stratnych (*maximum consecutive losses*) jest dla wszystkich prezentowanych w tabeli 9 portfeli równa 7 (III kwartał 2007 – I kwartał 2009). Maksymalny okres oczekiwania na ustanowienie nowego lokalnego szczytu funkcji stopy zwrotu (*maximum loss duration)* nie jest możliwy do obliczenia, z uwagi na fakt, że wszystkie portfele na koniec 2010 roku znajdowały się na poziomach niższych niż w połowie 2007 roku.

3.4.2. Modele B1-B3

Rysunek 11 przedstawia wyniki inwestycyjne uzyskane przez najlepsze OFE pod względem skumulowanej stopy zwrotu, wszystkie OFE a także przy wykorzystaniu modeli B1-B3 w okresie 2004-2010.

Portfele „WIG20 + bony" oraz „WIG + bony" składają się w 60% z 52-tygodniowych bonów skarbowych (rentowność liczona tak samo jak przy modelach B1-B3) oraz w 40% odpowiednio z indeksów WIG20 i WIG.

Modele B1 oraz B3 uzyskały wyższą stopę zwrotu w badanych okresie, a krzywe zmiany wartości portfeli skonstruowanych na ich podstawie od drugiej połowy 2006 roku stale znajdowały się powyżej krzywej zmiany wartości portfela najlepszego OFE. Gorszy od niego wynik uzyskano przy zastosowaniu modelu 2b. Stracił on najwięcej na przełomie 2008 i 2009 roku i nie zdołał odrobić strat do końca okresu badania.

Rysunek 11. Porównanie wyników inwestycyjnych modeli B1-B3, najlepszego funduszu emerytalnego, skumulowanych wyników OFE i portfeli rynkowych w okresie 2004-2010.

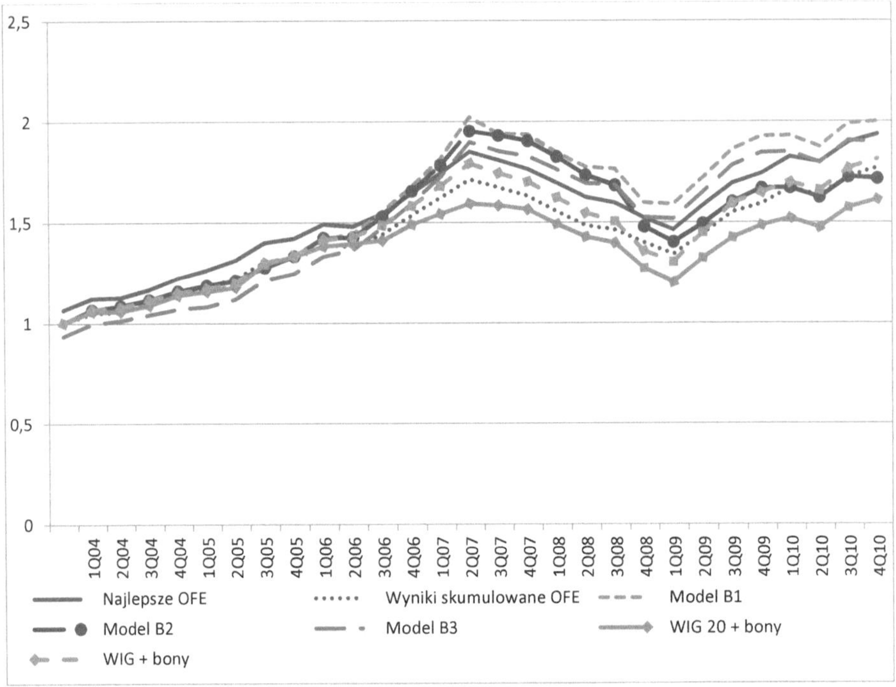

Rysunek przedstawia wyniki inwestycyjne portfeli najlepszego OFE pod względem skumulowanej stopy zwrotu, skumulowanych aktywów OFE, portfeli skonstruowanych przy wykorzystaniu modeli B1-B3 składających się w 40% z akcji oraz 60% z 52-tygodniowych bonów skarbowych, portfela składającego się w 40% z indeksu WIG20 i w 60% z 52-tygodniowych bonów skarbowych (WIG20

+ bony) oraz portfela składającego się w 40% z indeksu WIG i w 60% z 52-tygodniowych bonów skarbowych (WIG + bony).

Źródło: opracowanie własne.

Zarówno portfel najlepszego OFE jak i portfel skumulowanych aktywów OFE odrobiły straty z bessy i na koniec 2010 roku znajdowały się na poziomie porównywalnym ze szczytem osiągniętym w drugim kwartale 2007 roku. Modele B1 i B3 znalazły się blisko tych poziomów, ale wciąż ich nie przekroczyły.

Tabela 10. Porównanie kwartalnych stóp zwrotu modeli B1-B3, funduszy emerytalnych oraz portfeli rynkowych w okresie 2004-2010.

	Model B1	Model B2	Model B3	Najlepszy OFE	Skumul. wyniki OFE	Indeks rynkowy (WIG20+bony)	Indeks rynkowy (WIG+bony)
2004	6,40%	6,55%	6,36%	5,41%	4,89%	5,59%	6,67%
	1,76%	1,75%	1,53%	0,35%	0,58%	0,11%	1,05%
	2,74%	2,73%	2,67%	3,66%	3,30%	2,91%	3,25%
	2,75%	3,89%	2,82%	4,82%	5,13%	4,52%	3,29%
2005	1,21%	2,48%	1,22%	3,15%	3,04%	1,71%	1,89%
	3,40%	2,09%	3,00%	3,94%	3,38%	1,79%	2,37%
	8,43%	5,36%	8,04%	6,68%	6,78%	9,86%	8,36%
	2,65%	4,36%	3,42%	1,45%	1,09%	2,80%	2,77%
2006	6,78%	6,79%	6,63%	4,88%	5,15%	3,82%	5,85%
	2,56%	0,15%	1,74%	-0,66%	-0,33%	0,95%	1,02%
	8,00%	7,23%	7,72%	4,20%	4,21%	1,08%	4,03%
	8,05%	8,24%	7,93%	6,70%	6,58%	5,68%	6,43%
2007	8,37%	7,84%	8,37%	5,92%	5,73%	3,49%	6,27%
	9,94%	9,55%	11,33%	6,08%	5,56%	3,38%	6,61%
	-2,35%	-1,21%	-4,01%	-2,26%	-2,30%	-0,61%	-2,73%
	-1,37%	-1,37%	-0,25%	-2,46%	-2,59%	-1,18%	-2,36%
2008	-3,60%	-4,12%	-4,69%	-3,86%	-4,66%	-4,65%	-4,64%
	-3,87%	-5,01%	-3,88%	-4,13%	-4,56%	-4,28%	-4,76%

	-0,57%	-2,88%	-0,52%	-1,81%	-1,35%	-2,17%	-2,65%
	-9,48%	-12,27%	-9,48%	-4,68%	-4,37%	-9,01%	-9,89%
2009	-0,53%	-5,13%	-0,53%	-3,92%	-4,16%	-5,48%	-3,96%
	8,54%	6,51%	8,18%	8,24%	7,62%	10,00%	11,35%
	8,26%	7,20%	8,26%	7,07%	7,36%	7,76%	10,08%
	3,48%	4,18%	3,48%	2,78%	2,73%	4,23%	3,20%
2010	0,20%	0,20%	0,20%	4,77%	4,77%	2,38%	3,06%
	-2,88%	-2,88%	-2,88%	-1,36%	-2,09%	-3,05%	-2,32%
	6,17%	6,26%	6,17%	5,38%	5,66%	6,68%	6,55%
	-0,48%	-0,48%	0,60%	2,14%	2,61%	2,57%	2,59%
skumulowana stopa zwrotu	102,78%	71,50%	100,06%	81,76%	76,94%	61,34%	81,17%
średnia kwartalna stopa zwrotu	2,67%	2,07%	2,62%	2,23%	2,14%	1,82%	2,26%
odchyl. stand.	4,82%	5,15%	4,94%	3,97%	4,00%	4,53%	4,98%

W tabeli porównano kwartalne stopy zwrotu modeli B1-B3 powielających w 40% portfele skonstruowane przy pomocy modeli A1-A3 oraz w 60% z 52-tygodniowych bonów skarbowych, najlepszego OFE pod względem skumulowanej stopy zwrotu w całym okresie 2004-2010, skumulowanego portfela OFE, oraz indeksów rynkowych WIG20 + bony i WIG + bony składających się w 40% z indeksów rynkowych odpowiednio WIG 20 i WIG oraz w 60% z 52-tygodniowych bonów skarbowych wraz ze skumulowaną stopą zwrotu i odchyleniem standardowych kwartalnych stóp zwrotu.

Źródło: opracowanie własne na podstawie biuletynów kwartalnych rynku OFE Komisji Nadzoru Finansowego, www.stooq.pl

Model B1 w 19 kwartałach uzyskał stopę zwrotu wyższą niż najlepszy OFE. Modele 2b i 3b były od niego lepsze odpowiednio w 14 i 17 kwartałach. Dodanie do portfela papieru wolnego od ryzyka spowodowało znaczne obniżenie odchylenia standardowego. W porównaniu z modelami A1-A3, modele B1-B3 miały o około 61% niższe odchylenie standardowe. Ta miara ryzyka dla najlepszego OFE była niższa o 59%, a dla skumulowanych wyników OFE o 57%.

Dodanie papieru wolnego od ryzyka znacznie zmniejszyło dysproporcje miedzy ryzykiem ponoszonym przez OFE a ryzykiem charakteryzującym badane modele. W przypadku części akcyjnej, odchylenie standardowe portfela B1 było o 28,5% wyższe niż portfela części akcyjnej najlepszego OFE. W przypadku modelu B1 i najlepszego OFE różnica ta to 21,4%. Zmniejszeniu uległa również różnica między współczynnikami Sharpe'a. Dla modelu A1 i części akcyjnej najlepszego OFE wynosiła ona 40,1%, między modelem B1 a najlepszym OFE już tylko 26,1%.

Maximum drawdown dla modeli B1-B3 wyniósł odpowiednio: 20%, 28% i 21%. Były to statystyki bardzo zbliżone do analogicznych wskaźników dla najlepszego OFE (21%) i skumulowanych wyników OFE (22%). *Maximum loss duration* wyniósł: dla najlepszego OFE i skumulowanych wyników OFE 12 kwartałów. Dla modeli B1-B3 nie da się obliczyć tej statystyki, gdyż przez 14 kwartałów, do końca badanego okresu krzywa zmiany wartości portfeli B1-B3 znajdowała się poniżej maksimum z drugiego kwartału 2007 roku. Wskaźnik *maximum consecutive losses* wyniósł dla wszystkich pięciu modeli 7 kwartałów, czyli tyle samo co w przypadku samej części akcyjnej.

3.3. Dyskusja wyników

Słabsze statystyki ryzyka dla modeli wykorzystujących teorię Markowitza nie są zaskakujące, jeżeli weźmiemy pod uwagę, że wybór spółek do tych modeli został ograniczony tylko do 20 spółek, a OFE korzystają z bardzo daleko posuniętej dywersyfikacji. Dalszych badań wymagałaby weryfikacja hipotezy, że wraz z dodawaniem kolejnych papierów do zbioru możliwych inwestycji ryzyko mierzone odchyleniem standardowym zostałoby ograniczone, a stopa zwrotu wciąż przewyższałaby tą osiągniętą przez najlepsze OFE.

Wydaje się, że przedstawione wyniki potwierdzają obecność wielu problemów, które były opisane w rozdziałach I i II. Teza o defensywnej polityce inwestycyjnej funduszy emerytalnych wydaje się być poprawna, jeżeli weźmiemy pod uwagę niższe statystyki ryzyka dotyczące portfeli tych funduszy od modeli A1-A3 czy portfeli imitujących indeksy WIG20 i WIG. Taka strategia inwestycyjna nie pozwala na osiągnięcie tak wysokich stóp zwrotu, jak w przypadku modeli A1 i A3. Nie wydaje się także, żeby stanowiła dostateczne zabezpieczenie portfela w okresie bessy rynkowej. W okresie III kwartał 2007-II kwartał 2009 aktywa akcyjne najlepszego OFE straciły aż 53,37% swojej wartości, co było wynikiem nieznacznie tylko „lepszym" od wyniku modelu A1 oraz modelu A3. Musi rodzić to pytanie o zasadność prowadzenia tak zachowawczej polityki inwestycyjnej, która i tak nie prowadzi do pożądanego zabezpieczenia portfela w przypadku bessy.

Dalszym badań wymaga weryfikacja, w jakim stopniu do takiego stanu rzeczy przyczyniają się uwarunkowania prawne. Spośród nich szczególnie warto bliżej przyjrzeć się ograniczeniu inwestowania w aktywa zagraniczne. Na podstawie przedstawionych wyników, a także wykorzystując badania Angelidisa i Tessaromatisa (por. podrozdział 2.1.4.) można wysunąć hipotezę, że zwiększenie limitu inwestycji zagranicznych doprowadziłoby do zwiększenia wskaźnika Sharpe'a dla portfeli OFE. Weryfikacja tej hipotezy wykracza jednak poza ramy niniejszej pracy.

Zarysował się również problem naśladownictwa, o którym wspominano w podrozdziałach 1.1.4. oraz 2.1.1. Współczynnik korelacji kwartalnych stóp zwrotu części akcyjnej najlepszego OFE oraz średnich wyników części akcyjnej OFE wyniósł aż 93,23%. Co ciekawe, analogiczny współczynnik dla części akcyjnej najlepszego OFE i indeksu WIG20 był niższy i wynosił 89,77%. Oznacza to, że wyniki funduszy emerytalnych są nawet w większym stopniu skorelowane z wynikami innych funduszy niż z indeksem rynkowym.

Dodanie papierów wolnych od ryzyka nie zniweczyło przewagi w bezwzględnej stopie zwrotu portfeli skonstruowanych przy pomocy modelu Markowitza nad wynikami OFE, nawet przy uwzględnieniu dodatkowych kosztów transakcyjnych. Co więcej, doprowadziło to do znacznego zmniejszenia ryzyka mierzonego odchyleniem standardowym i wskaźnikiem *maximum drawdown*. Porównanie zmian wartości jednostek rozrachunkowych z modelami B1-B3 pokazuje, że zarządzanie portfelem przy wykorzystaniu modelu Markowitza może prowadzić do wyższych świadczeń wypłacanych ubezpieczonym.

Do ciekawych wniosków prowadzi analiza wrażliwości ostatecznych wyników inwestycyjnych na zmiany poziomu prowizji PTE. Wprowadzając prowizję w wysokości 6,5% pobieraną *ex ante* od aktywów do modelu B1, skumulowana stopa zwrotu zmniejsza się o 12,2% w przeciągu 7 lat. Gdyby zaś dodać *ex ante* do wartości jednostki rozrachunkowej na początku badanego okresu 6,5%, wartość tej jednostki i świadczenia wypłacanego ubezpieczonemu) po 7 latach zwiększyłaby się o 14,5%.

Warto zaznaczyć, że założenia przy budowie modeli B1-B3 są konserwatywne. W szczególności OFE mają możliwość osiągania wyższych stóp zwrotu z inwestycji w papiery wolne od ryzyka, dostosowując do potrzeb i warunków rynkowych durację obligacji i bonów skarbowych oraz wielkość utrzymywanej w nich pozycji. Bardziej aktywna alokacja aktywów w modelach B1-B3 mogłaby doprowadzić do zwiększenia stopy zwrotu i redukcji odchylenia standardowego portfeli.

PODSUMOWANIE

Celem pracy było porównanie efektywności inwestycyjnej funduszy emerytalnych w Polsce. Aby zrealizować ten cel porównano wyniki inwestycyjne części akcyjnej funduszy emerytalnych ze stopami zwrotu z portfeli skonstruowanych przy wykorzystaniu modelu portfelowego Markowitza i przyjęciu różnych założeń dotyczących ryzyka i oczekiwanej stopy zwrotu inwestycji w akcje wchodzące w skład indeksu WIG 20. Ponadto porównano zmiany wartości jednostki rozrachunkowych funduszy emerytalnych z portfelami składającymi się w 40% z akcji i 60% z 52-tygodniowych bonów skarbowych.

Wyniki badania wskazują, że możliwe jest osiągnięcie wyższych od funduszy emerytalnych stóp zwrotu przy wykorzystaniu prostej techniki inwestycyjnej jaką jest model Markowitza. Jest to możliwe kosztem zwiększenia ryzyka związanego z inwestycjami, warto jednak podkreślić, że defensywna polityka inwestycyjna OFE nie uchroniła zarządzanych przez nie aktywów od znacznego spadku wartości w okresie kryzysu finansowego lat 2007-2009. Wyniki te każą negatywnie ocenić efektywność funduszy emerytalnych w Polsce i postawić pytanie o przyczyny takiego stanu rzeczy a także o możliwe rozwiązania tego problemu. Wydaje się, że odpowiedzi na to pytanie należy szukać w samej konstrukcji systemu emerytalnego oraz negatywnych zjawiskach dotyczących zarządzania aktywami przez OFE, wśród których na pierwszy plan wysuwa się naśladownictwo i podążanie za największym. Kluczowe wydaje się podjęcie działań zmierzających do wzmocnienia rzeczywistej konkurencji na rynku świadczenia usług zarządzania kapitałem w ramach tzw. II filaru. Wskazanie konkretnych propozycji rozwiązań wykracza poza ramy niniejszej pracy i wymaga dalszych badań, w szczególności porównania rozwiązań funkcjonujących w innych państwach OECD.

Dalszych badań wymaga również przetestowanie hipotezy, jaki wpływ na niską efektywność OFE mają uwarunkowania prawne zawarte w ustawie o organizacji i funkcjonowaniu otwartych funduszy emerytalnych w Polsce. Jest to szczególnie istotne w dobie przeprowadzania kolejnej nowelizacji tej ustawy przez polski Sejm.

BIBLIOGRAFIA

Angelidis T., Tessaromatis N., *The efficiency of Greek public pension fund portfolios,* "Journal of Banking and Finance", Nr 34/2010, str. 2158-2167.

Benartzi S., Thaler R., *Risk Aversion or Myopia? Choices in Repeated Gambles and Retirement Investment.* "Management Science" Nr 45/1999, 364-381.

Benjelloun H., *Evans and Archer – forty years later,* Investment Management and Financial Innovations, Vol. 7, Issue 1/2010.

Bielawska K., *Dziesięć lat funkcjonowania Otwartych Funduszy Emerytalnych – doświadczenia i wyzwania,* [w:] Ubezpieczenia emerytalne, społeczne i metody aktuarialne, Wydawnictwo Uniwersytetu Ekonomicznego we Wrocławiu, Wrocław 2010, str. 21-27.

Cieślak A., *Behawioralna ekonomia finansowa Modyfikacja paradygmatów funkcjonujących w nowoczesnej teorii finansów*, Materiały i Studia Nr 165, NBP, Warszawa 2003.

Czerwińska T., *Dywersyfikacja portfela inwestycyjnego OFE na tle rozwiązań międzynarodowych,* „Forum dyskusyjne ubezpieczeń i Funduszy Emerytalnych", Nr 3/2004, KNUiFE, Warszawa 2004, str. 75-89.

Czerwińska T., *Efektywność funkcjonowania powszechnych towarzystw emerytalnych w świetle wymogów ich właścicieli oraz członków otwartych funduszy emerytalnych,* [w:] Ubezpieczenia emerytalne, społeczne i metody aktuarialne, Wydawnictwo Uniwersytetu Ekonomicznego we Wrocławiu, Wrocław 2010, str. 28-36.

Dubowski M., *Możliwości osiągnięcia wyższych stóp zwrotu przez otwarte fundusze emerytalne,* „Forum dyskusyjne ubezpieczeń i funduszy emerytalnych", Nr 3/2004, KNUIFE, Warszawa 2004, str. 65-74.

Elton E., Gruber M., Blake C., *Applications of Markowitz Portfolio Theory to Pension Funds Design,* [w:] Guerard J., (red.), *Handbook of Portfolio Construction: Contemporary Applications of Markowitz Techniques,* Springer Science+Business Media 2010, str. 419-438.

Evans J., Archer S., *Diversification and the reduction of dispersion: an empirical analysis*, Journal of Finance, Nr 23/1968, str. 761-767.

Góra M., *Zmiany w społeczeństwie a system emerytalny,* [w:] Społeczne aspekty ubezpieczenia, SGH, Warszawa 2005, str. 163-164.

Jajuga K., Jajuga T. (2005), *Inwestycje,* PWN, Warszawa, str. 98-167.

Komisja Nadzoru Ubezpieczeń i Funduszy Emerytalnych, *Efektywność inwestycji zagranicznych Otwartych Funduszy Emerytalnych w okresie 30 marca 2001 r. – 31 marca 2006 r.*, Urząd KNUiFE, Warszawa 2006.

Komisja Nadzoru Finansowego, *Konkurencja na rynku OFE*, KNF, Warszawa 2008 str. 54-66.

Komisja Nadzoru Finansowego, *Lokowanie aktywów otwartych funduszy emerytalnych poza granicami kraju w 2009 r. Wyniki ankiety*, Urząd KNF, Warszawa 2010.

Markowitz H., *Portfolio Selection*, „The Journal of Finance", Nr 7(1)/1952, str. 77-91.

Niedziółka P., *Fundusze hedgingowe a stabilność finansowa,* Wydawnictwo Difin, Warszawa 2009.

Opalski A., *Rada nadzorcza w spółce akcyjnej,* Wydawnictwo C.H. Beck, Warszawa 2006.

Orszag P., Stiglitz J., *Rethinking Pension Reform: Ten Myths About Social Security Systems*, Wykład wygłoszony na Konferencji Banku Światowego "New Ideas About Old Age Security" w październiku 1999 r.

Otto W., *Otwarte fundusze emerytalne: gracze, otoczenie, reguły i rezultaty gry,* „Forum dyskusyjne ubezpieczeń i Funduszy Emerytalnych", Nr 3/2004, KNUiFE, Warszawa 2004, str. 115-131.

Piasecki K., *Modele matematyki finansowej*, PWN, Warszawa 2007, str. 244-251.

Schazenbach M., Sitkoff R., *Did Reform of Prudent Trust Investment Laws Change Trust Portfolio Allocation?,* Harvard Discussion Paper, Nr 580, Harvard Law School, Cambridge 2007.

Statman M., *How Many Stock Make a Diversified Portfolio?,* Journal of Financial and Quantitative Analysis, Vol. 22 No. 3/1987, str. 353-363

Tobin J. (1958), *Liquidity preference as behavior toward risk,* "Review of Economic Studies" Nr 67, str. 65-85.

Thomas A., Tonks I., *Equity Performance of Segregated Pension Funds in the UK,* "CMPO Working Paper Series", Nr 00/26, Bristol 2000, str. 2-25.

Trippner P., *Wpływ koniunktury giełdowej na strukturę portfeli lokacyjnych OFE,* [w:] *Ubezpieczenia emerytalne, społeczne i metody aktuarialne,* Wydawnictwo Uniwersytetu Ekonomicznego we Wrocławiu, Wrocław 2010, str. 159-166.

Valdes-Prieto S., *The Latin-American Expierience with Pension Reform,* "Annals of Public and Cooperative Economics", Nr 4(69)/1998, str. 483-516.

Wyszyński W., *„Długi" horyzont inwestycyjny OFE i jego konsekwencje,* „Forum dyskusyjne ubezpieczeń i funduszy emerytalnych", Nr 3/2004, KNUIFE, Warszawa 2004, str. 133- 139.

Żukowski M., *Reformy emerytalne w Europie – wzmacnianie ubezpieczeniowego charakteru społecznych systemów emerytalnych,* [w:] Społeczne aspekty ubezpieczenia, SGH, Warszawa 2005, str. 169-183.

WYKAZ SKRÓTÓW

KNF – Komisja Nadzoru Finansowego

KNUiFE – Komisja Nadzoru Ubezpieczeń i Funduszy Emerytalnych

NBP – Narodowy Bank Polski

OECD - Organization for Economic Cooperation and Development (Organizacja Współpracy Gospodarczej i Rozwoju)

OFE – Otwarty Fundusz Emerytalny

OFEU – Ustawa z 28 sierpnia 1997 roku o organizacji i funkcjonowaniu otwartych funduszy emerytalnych (tekst jednolity : Dz. U. z 2004 r. Nr 159, poz. 1667).

PTE – Powszechne Towarzystwo Emerytalne

ZUS – Zakład Ubezpieczeń Społecznych

FSC
www.fsc.org
MIX
Papier | Fördert gute Waldnutzung
FSC® C083411

Kolibri 360 GmbH
Ferdinand-Jühlke-Straße 7
99095 Erfurt, Deutschland
produktsicherheit@kolibri360.de

Druck:
CPI Druckdienstleistungen GmbH
im Auftrag der
Kolibri 360 GmbH
Ferdinand-Jühlke-Str. 7
99095 Erfurt